Anne-Charlotte Sangam Delourme

Préface d'Odile Chabrillac

OSER la douceur

JouVence

Également aux Éditions Jouvence :

J'ose être qui je suis, Catherine Barry
Déployer son énergie sans disjoncter, Emmy Druesne
Explore-toi, Elena Brower
Les 7 Lois spirituelles du succès, Deepak Chopra
Je mérite, tu mérites, elles méritent… le guide de l'entrepreneuriat au féminin, Manon Smahi Cuzin
Réinventer sa vie est possible à tout âge, Cécile Kapfer
Fonce corps et âme !, Karine Baillet
Une vie digne de votre potentiel, Emmanuel de Mûelenaere

Éditions Jouvence
Route de Florissant, 97 – 1206 Genève – Suisse
Site Internet : **www.editions-jouvence.com**
E-mail : info@editions-jouvence.com

Catalogue gratuit sur simple demande

ISBN : 978-2-88953-914-7

Couverture : Charlotte Thomas
Maquette intérieure : Charlotte Thomas
Mise en pages : SIR

À ma mère.

« Elle avait l'impression d'être
à l'intérieur d'une gigantesque oreille à
l'écoute du monde des étoiles.
Et elle croyait entendre une musique
douce mais puissante, qui lui allait
au cœur de façon étrange. »

Michael Ende, *Momo*

« La douceur relie le spirituel
et le matériel, […] elle coud
le monde ensemble. »

Anne Dufourmantelle,
Puissance de la douceur

Sommaire

9
Préface

11
Introduction

15
1. Le charme discret de la douceur
En pratique : commencer par soi - la magie du souffle

25
2. L'intelligence du cœur
En pratique : se connecter au cœur

46
Ma grand-mère est une rose

49
3. Le murmure des plantes
En pratique : ne faire qu'un avec la nature

63
4. L'art de prendre soin
En pratique : la liste des baumes guérisseurs

76
Un air de printemps

79
5. De la douceur au travail
En pratique : un temps pour soi

95
6. L'invitation à ralentir
En pratique : prendre le temps

109
7. Entrer en résistance
En pratique : entrer dans la position de l'observateur

129
8. N'oublie pas la douceur et la poésie
En pratique : s'émerveiller

140
Un jour gris

143
9. La vie, c'est pas compliqué
En pratique : devenir son propre meilleur ami

153
10. La douceur comme guide
En pratique : une invitation

163
Conclusion
Osons la douceur !

167
Bibliographie

171
Remerciements

Préface

Pendant des décennies, voire des siècles, l'Occident a valorisé la force, la puissance sans nuance, les rapports de domination, sous prétexte qu'il s'agissait de la loi de la jungle – sous-entendu, le principe de réalité – et qu'il fallait donc faire avec. Autant de valeurs yang, donc plutôt masculines, qui seyaient bien à une société patriarcale dont le mot d'ordre semblait être de tenir bon, quoi qu'il en coûte, même au prix de la joie et du plaisir de vivre. Jusqu'à ce que l'on découvre que, oui, l'entraide existe également dans la nature et que la vie ne se résume pas (toujours) à un gagnant et un perdant. Oui, oser se montrer vulnérable nécessite un vrai courage. Oui, la tendresse peut nous aider à mieux être au cœur d'un monde si souvent impitoyable.

Anne-Charlotte, dans son merveilleux livre, nous plonge quant à elle dans un bain de douceur, et c'est en cheminant à ses côtés que nous prenons conscience à quel point cela nous fait du bien, que nous mesurons combien nous en avions besoin. Ses mots se tissent et nous emportent, nous questionnent et nous habitent. Ils constituent une invitation à un nouveau regard sur nos vies : et si nous faisions autrement ? Et si nous donnions une chance à cette douceur pour embellir, poétiser nos vies ? Comme Anne-Charlotte le dit si bien, « dans le chaos ambiant, la douceur est une valeur refuge ». Comment faire autrement ? Réinvestir les liens, le cœur, miser sur la bienveillance, la solidarité, tout cela peut être un choix, mais il s'agit avant tout d'une responsabilité. Si nous choisissons de ne pas ajouter du chaos au chaos, de ne pas nous résigner à l'insupportable, le secret est probablement caché dans cet endroit méconnu à découvrir, à expérimenter, à irradier. Comme une étincelle, un souffle de vie. « Entrer dans la douceur, comme on entre en résistance », comme le rappelle la philosophe Arouna Lipschitz. C'est exactement cela.

Odile Chabrillac

Introduction

À l'heure où le feu de la guerre s'éternise et fait rage, où le monde se polarise violemment, où les inégalités sociales explosent et où notre planète souffre cruellement, parler de douceur peut paraître dérisoire et éloigné des réalités. Comme la gentillesse, la douceur est en effet peu valorisée. Pour la génération dont je fais partie, élevée avec l'esprit de compétition propre à la fin du XXe siècle, elle est même suspecte.

Pourtant, la douceur est une force inébranlable, capable d'opérer des renversements d'ordre majeur et de susciter de profondes transformations. Sous sa délicatesse, loin de la mièvrerie qu'on lui prête souvent, se cache une grande puissance.

La douceur soulève des montagnes et fomente des révolutions. Sa force considérable, inégalée, provoque des métamorphoses. Elle est éminemment politique parce qu'elle agit partout où nous sommes, tout le temps, dans toutes les sphères de la vie – en famille, au travail et, plus largement, dans toutes nos interactions… si nous la choisissons.

La douceur est la clef du fameux monde d'après, si porteur d'espoir et de renouveau. C'est une intelligence, une éthique, une source d'inspiration.

Un guide pour chacun d'entre nous, actifs, à la retraite ou dans l'enfance. Lui rendre ses lettres de noblesse et nous réconcilier avec elle nous est indispensable si nous voulons tenir le cap, cultiver notre liberté et avancer sereinement dans la période grise, traumatique que nous traversons. La douceur est en effet le plus grand atout de notre écologie intérieure[1]. En ralentissant pour notre propre bien-être, en nous ancrant debout, ici et maintenant, comme le formule si bien Cyril Dion, nous prenons soin de nous, des autres et de la planète, et faisons face aux défis du présent.

La douceur est venue me chercher alors que je transmettais le yoga. Les retours des élèves sur mes cours valorisaient soudain une qualité que j'estimais encombrante chez moi. Il y avait là quelque chose d'inédit qui me questionnait. C'est ainsi qu'a débuté cette quête, presque une « enquête » dans le monde de la douceur – un monde aux territoires vastes et variés que j'ai arpentés avec les ressources qui sont les miennes. L'éditrice, la lectrice passionnée et la professeure à l'université s'est plongée dans l'étymologie, la recherche, les livres, l'écoute d'émissions de radio ou de podcasts ; l'enseignante de yoga s'est interrogée sur nos sens, le souffle, le lien au corps, la force

1. Tout comme nous pouvons prendre soin de la planète sur laquelle nous vivons et cultiver l'écologie, nous pouvons veiller sur notre propre microcosme en lui apportant ce dont il a besoin (sur les plans physique, psychique, énergétique, etc.). C'est ce que l'on peut appeler l'« écologie intérieure ».

de l'expérience. Je me suis nourrie des échanges que j'ai pu avoir avec les uns et les autres, et surtout de la force et de la magie du quotidien. Parce que la douceur n'est pas qu'une idée : elle s'incarne.

Ce texte a pour ambition de partager une philosophie pratique qui vous aidera à laisser la douceur entrer dans votre vie, à la cultiver et à la propager. En partant à la rencontre de son charme discret, vous découvrirez son intelligence et sa force transformatrice. Qu'il s'agisse de votre rapport aux autres et au monde, de votre rythme de vie, de la manière dont vous abordez le travail, la douceur deviendra un guide inspirant. Libre à vous, ensuite, d'enrichir les pistes et les outils que vous glanerez au fil de ces pages par vos intuitions, découvertes et solutions personnelles. Mieux que quiconque, vous savez ce qui est doux pour vous. Écouter de la musique, cuisiner, jardiner, dessiner, méditer, nager… Peut-être aimez-vous vous promener en pleine nature ou dans un endroit qui vous apaise. Pour ma part, il suffit que je contemple la mer pour qu'une immense douceur me submerge.

Comme le colibri, ce livre est une manière, pour moi, d'apporter ma contribution, de servir, de m'engager. Puisse-t-il inspirer votre action !

1

Le charme discret de la douceur

Il m'a fallu du temps pour comprendre que la douceur, trait fondamental de ma personnalité, était une qualité précieuse. Tout l'inverse d'une faiblesse handicapante, comme je l'ai longtemps pensé.

Enseigner le yoga m'a fait prendre conscience que c'est elle que mes élèves viennent chercher dans mes cours. Les enchaînements de kundalini yoga que je leur propose sont énergiques et dynamiques, je les vois peiner sur le tapis ; pourtant, ils disent trouver auprès de moi bienveillance et attention, et venir à mes cours expressément pour cela. Moi qui ai tant manqué de douceur envers moi-même – en me jugeant sévèrement en permanence, en étant plus que critique à mon égard, en n'écoutant pas le besoin de repos de mon corps, en allant travailler les dents serrées et en faisant tout pour que rien n'y paraisse lors de mes crises d'endométriose, etc. – et qui ai longtemps cherché à l'évincer, j'apprends qu'elle fait du bien aux autres. Surprise totale.

Cette stupéfiante découverte a radicalement modifié l'idée que je me faisais de la douceur et m'a demandé un puissant changement de narration. Au placard, les nuances pastel et les chamallows !

Mais alors, c'est quoi, la douceur ? Le mot suscitant des images floues, j'ai ouvert le dictionnaire. Apparu en France à la fin du XIIe siècle, le substantif féminin « douceur » nous vient du bas latin *dulcor*, « saveur douce », lui-même dérivé du radical *dulcis*, « doux ». Il désigne la « qualité de ce qui est doux, agréable aux sens ».

La douceur commence donc par contacter le corps, les sensations. Elle nous parle de sensualité. On boit, on mange, on touche des choses douces. Des mots, des lumières, des couleurs vibrent, doux, à nos oreilles, ravissent nos yeux. La douceur est caresse, chaleur, réconfort, abri, relaxation. Elle ne passe pas par le langage, et procure plaisir et confiance.

Au pluriel, *les douceurs* apaisent le mangeur, émoustillent les papilles, font littéralement régresser vers le début de l'existence, du lait maternel naturellement sucré aux viennoiseries du goûter. Pâtisseries, confitures et bonbons sont une réponse toute trouvée à l'inquiétude ou à l'anxiété. Qui n'a jamais ressenti l'appel du chocolat à l'entrée de l'hiver ou après une expérience stressante ?

À tort ou à raison, la douceur évoque l'enfance, cette saison de la vie où, dans l'imaginaire collectif, nous serions environnés de « douceur maternelle », réelle ou fantasmée. La douceur est donc liée à la mère et au paradis perdu de son ventre, à l'époque où, avec elle, nous ne faisions qu'un. La douceur porte en elle la nostalgie de l'ailleurs[2]. Selon Anne Dufourmantelle[3], elle est même « la doublure secrète » de l'enfance, son « préalable absolu » car « tout est tellement exposé [dans l'enfance], suraigu, violent en un sens, à découvert » qu'on n'y survivrait pas sans elle.

Voilà pour les premières esquisses. Car sur le chemin de mon enquête, la douceur s'est révélée bien plus vaste et complexe.

Alors que je revenais de Belgique où s'était tenu un colloque d'éthique clinique en hommage à l'autrice de *Puissance de la douceur*, les paroles de l'intervenante Cécile Bolly, médecin et guide-nature, résonnaient dans ma tête : « La douceur, ce n'est quand même pas une histoire de Bisounours ! » Que dissimulent donc la guimauve et le velours ?

La douceur relève du *genre* féminin, non seulement grammatical mais social. Elle en est même une des grandes injonctions. Dès la petite enfance, on enjoint aux filles à taire leur colère. Au point qu'elles l'effacent et se montrent douces et discrètes comme on l'attend d'elles. Peut-être ne s'agit-il que d'une façade. Mais dans les esprits, la boucle est bouclée.

2. Notion conceptualisée par Arouna Lipschitz, docteur ès lettres, écrivaine, philosophe, enseignante spirituelle et réalisatrice. Ses enseignements précieux sont accessibles sur son école en ligne, La Voie de l'amoureux, lors des universités qu'elle organise à chaque saison, et dans ses livres, notamment le dernier, *Aimer, ça s'apprend*.
3. Anne Dufourmantelle, *Puissance de la douceur*, Payot, 2013.

La « féminité » de la douceur explique aussi en partie, sans doute, que les sociétés patriarcales l'aient délaissée, si ce n'est silenciée. Là où les attributs du masculin – conquête, dynamisme, compétition – sont valorisés, comment incarner une valeur associée à la naïveté, à la mollesse… à l'infériorité ? Nous sommes nombreux et nombreuses à l'avoir dépréciée pour mieux la gommer. « Je ne veux pas être douce ! » s'insurgeait Lucie Codiasse, directrice de la communication d'Action contre la faim, femme combative s'il en est, lors d'une de nos discussions. À ses yeux, « douceur » rimait avec « sacrifice », et c'était bon pour les autres, pas pour elle.

Je ne peux pas le lui reprocher, moi qui me suis tant efforcée de me durcir, avant de mesurer que cette force qui transparaît malgré tout est un trésor que d'autres viennent chercher. Car ce sont *les autres* qui perçoivent, valorisent la douceur et la renvoient, permettant à celui ou celle qui l'émet d'en prendre conscience et de se réconcilier avec elle pour mieux la laisser rayonner.

« Rien n'est aussi fort que la douceur. Rien n'est aussi doux que la force véritable », disait saint François de Sales. Dans le chaos ambiant, la douceur est une valeur refuge. Une oasis inestimable et secrète. C'est peut-être pour cela qu'on en parle si peu. À moins qu'elle ne cache quelque chose… Faut-il rappeler qu'une seule lettre sépare la *douceur* de la *douleur*[4] ?

Quoi qu'il en soit, la douceur vraie exige de l'audace. En offrant une attention renouvelée à autrui, une présence, en permettant l'instauration d'un lien de confiance, elle est une intelligence du cœur, une philosophie de la relation. Et, avant même de s'adresser à l'autre, cette « politesse du cœur », comme dirait Bergson, s'adresse à soi-même.

---

4. Dans son livre *Capitale de la douceur* (Seghers, 2021), dont le titre fait écho au recueil du poète Paul Éluard, *Capitale de la douleur*, Sophie Fontanel l'a magnifiquement montré : contre la plus grande violence, la douceur permet de se sauver et demeure une arme considérable – peut-être la plus élégante ?

En pratique

Commencer par soi : la magie du souffle

Pour se relier à la douceur, il faut commencer par soi. Il sera temps, ensuite, de prendre le temps, d'écouter l'autre, de lui prêter attention.

Quoi que vous fassiez, au travail, sous la douche, en vous brossant les dents, en lisant, en vous reposant… revenez à votre souffle, à l'ici et maintenant. Sans le modifier, prêtez simplement attention à votre inspiration puis votre expiration. Vous pouvez fermer les yeux pour mieux le ressentir. Puis, au bout de quelques secondes, l'étirer. Votre respiration devient longue et puissante. Une ou deux minutes suffisent pour modifier votre état. Nul besoin d'avoir beaucoup de temps, de prévoir, de vous inscrire à un cours. Cela vous est accessible partout !

La douceur, c'est d'abord ce souffle qui se répète – j'inspire, j'expire – et permet la magie du vivant. Ce souffle qui nous anime et nous offre de faire l'expérience unique de la vie sur Terre.

Ce miracle, en avez-vous seulement conscience ? Combien de fois par jour pensez-vous à cette chance que vous avez ?

....

....

....

....

À présent, pourquoi ne pas lister les moments de votre quotidien où vous pouvez prendre le temps de revenir à votre souffle ?

....

....

....

....

....

....

2

L'intelligence du cœur

« Nous n'imaginons pas la force de la bienveillance,
le pouvoir qu'une attitude altruiste
peut avoir sur nos vies et sur
la société tout entière. »

Matthieu Ricard, *Plaidoyer pour le vivant*

Plusieurs fois, au cours des entretiens menés pour ce livre, le mot « lien » est arrivé dans la conversation pour s'imposer au premier plan. Le hasard ?

Je n'y crois plus. D'autant moins volontiers, en l'occurrence, que la douceur, dans sa pleine puissance, nous relie. En permettant un contact profond entre les êtres, elle nous (re)connecte à nous-mêmes, aux autres, au vivant, à notre environnement. Elle souligne notre interdépendance et fait vibrer ce dont nous avons tant manqué pendant les années covid : ce lien qu'il faut nouer, investir, cultiver et nourrir avec joie, ardeur et conscience, plus que jamais.

Si un commerce mérite d'être qualifié d'essentiel, c'est bien la sociabilité. Sans lien, point d'humanité. Comment, au moment le plus aigu de la pandémie de covid-19, avons-nous pu nous en abstenir collectivement sous prétexte de nous sauver, isoler les personnes fragiles et laisser les plus faibles mourir seules, sans que leurs proches puissent leur tenir la main ?

Le fait n'est pas nouveau : nos sociétés occidentales souffrent d'un déficit chronique de lien. Bien qu'indispensables à la santé selon l'OMS, la santé psychique et la santé sociale sont lourdement négligées. Combien sont-elles parmi nous, réduites à une solitude extrême, les personnes âgées ou en fin de vie, les personnes réfugiées sans ressources, sans papiers ou sans domicile, invisibles, discriminées, victimes de violences physiques ou psychologiques… ?

Pourtant, le lien est primordial. Il nous anime au point que, sans lui, nous dépérissons. Ma kinésithérapeute compare tout ce qui nous unit à un « bien commun », ma coiffeuse parle de cultiver la « bienveillance ». Toutes et tous nous aspirons à plus de douceur dans nos échanges sociaux, amoureux, familiaux, professionnels. Alors, quoi ? Avons-nous oublié l'évidence ? Colette l'évoque de façon si inspirante et sensuelle : « Moi, c'est mon corps qui pense. Il est plus intelligent que mon cerveau. Il ressent plus finement, plus complètement que mon cerveau. Quand mon corps pense… tout le reste se tait. À ces moments-là, toute ma peau a une âme[5]. »

Notre monde cartésien, patriarcal, capitaliste a érigé en maître le mental qui classe, sépare, juge et divise. *Exit* la douceur, sa puissance radicale qui fait « éprouver le monde comme si on avait les sens à

5. Colette, *La Retraite sentimentale*, Folio, 1972.

vif[6] ». Mais quand le mental est seul aux commandes, le contrôle, la domination, la compétition, la hiérarchie, entre autres, gouvernent.

En mettant de la conscience dans mes actions, en étant profondément présent ici et maintenant, je cesse d'être à la fois ici (physiquement) et ailleurs (par la pensée)[7]. En ne vivant plus ce tiraillement, quelque chose s'apaise en moi. Je gagne en qualité de présence et d'écoute, en ancrage, en sérénité…

Si je suis pleinement dans mon corps, je ne vis plus l'anticipation, l'hypothèse, la projection. J'échappe au stress, à l'angoisse, à la souffrance. Suis-je en train d'expérimenter ce scénario que je dessine dans ma tête ? Non. En cet instant présent, alors que je sens le mouvement du souffle en moi, que ma cage thoracique se gonfle puis s'abaisse, tout va bien. Et je peux entendre une petite voix. Cette petite voix que je fais taire si souvent, tant elle s'oppose à ce que me dicte la raison : la voix de mon cœur. Qu'il en faut, du courage, pour la suivre ! Ce qu'elle murmure et suggère paraît si inconfortable. Mais quels cadeaux à la clef !

En vivant en conscience, en me rapprochant profondément de mon essence, j'atteins une joie pure, non

6. Anne Dufourmantelle, *op. cit.*
7. Eckhart Tolle, *Mettre en pratique le pouvoir du moment présent,* J'ai Lu, 2010.

conditionnée par les circonstances extérieures. Je suis disponible pour me relier à l'autre.

Réinvestir le corps et le cœur, laisser circuler l'esprit favorise la rencontre, la nuance, la complexité des échanges. Cela favorise des liens forts, cela unit. Et provoque l'aventure d'être en vie.

N'attendons plus, et agissons avec notre tête, notre corps et notre cœur. Notre métamorphose personnelle et collective, si nécessaire au regard des enjeux de notre temps, s'enclenche dès qu'on se laisse toucher, par l'autre et par soi-même. En somme, dès qu'on emprunte ce chemin : la douceur.

*

Quand on écoute d'autres voix que celles de son mental et de son ego, on perçoit clairement celle du cœur.

Essayez quelques secondes de capter celle du vôtre : fermez les yeux, sentez vos pieds solidement ancrés dans le sol, quitte à fléchir légèrement les genoux pour gagner en souplesse, et focalisez-vous sur votre respiration (l'inspiration, l'expiration). Portez votre attention au centre de la poitrine. Ressentez. Puis prêtez attention aux messages du corps (ils sont souvent nombreux). Quelles zones signalent des tensions ? Où sentez-vous des résistances ?

Au quotidien, notre corps nous parle. Le moindre rhume a des choses à nous dire, si on l'écoute et qu'on prend le temps de décrypter son message. La langue des oiseaux ne parle-t-elle pas de « mal a dit » ?

*

Jour après jour, nous tissons des liens d'amitié ou de socialité faible avec nos voisins, la boulangère, les parents de l'école, nos collègues ou les personnes avec qui nous partageons un sport ou une activité… Aussi invisible soit-elle, cette toile nous façonne. Nous sommes tous intrinsèquement liés : en prendre conscience provoque une révolution. *We are one*, tous connectés, dans le même bain non seulement social, mais planétaire : le bain du vivant.

Si nous sommes interdépendants, c'est à moi que je fais du mal quand je te fais du mal. C'est moi que je juge quand je te juge. C'est toi aussi que j'invite à te transformer quand je me transforme par mes choix de vie, de travail, de représentations. Et il en va de même pour moi dans nos échanges et nos interactions.

« Sois le changement que tu veux voir dans le monde », exprimait Gandhi. Si tout le collectif se modifie par capillarité, nous avons le devoir d'incarner le monde auquel nous aspirons. Avec nos talents, notre puissance et notre créativité, mais aussi nos failles, nos ombres, notre vulnérabilité.

Le concept de « jardin planétaire » développé par le paysagiste, biologiste et auteur Gilles Clément abonde dans le même sens et nous élève au rang de jardinier. Et pas besoin de connaître le jardinage pour devenir un bon jardinier !

Cela commence avec la conscience de la finitude spatiale de notre monde : nous vivons toutes et tous sur la même planète, qui n'est pas extensible. Ce constat évident révèle les dynamiques biologiques qui nous lient : l'eau qu'on boit a déjà été bue – pour reprendre l'illustration simple de Gilles Clément –, les mêmes molécules organiques[8], azote, carbone, oxygène, hydrogène, communes au vivant, nous sont données en partage. Viennent ensuite les actes, en conséquence. Nous sommes par exemple des millions à avoir opéré une légère translation à l'issue des années covid, en déménageant à la campagne ou dans une ville à taille humaine, en changeant d'emploi ou de métier, en entamant une thérapie, un programme de coaching ou une formation, en cultivant une vie spirituelle ou en adaptant notre alimentation…

Les rapports femmes/hommes sont au cœur de cette grande mutation des liens que les femmes, les premières, travaillent à redessiner. Depuis des décennies, elles cherchent, à titre personnel et collectif,

8. Patrick Viveret et Julie Chabaud, *La Traversée*, Les Liens qui libèrent, 2023.

à mettre de la conscience sur ce qui a été blessé en elles de génération en génération. Si #Metoo a fait éclater au grand jour les notions de consentement, de libre expression et d'engagement, la sororité n'est pas une mode. Ce lien d'entraide est même si fort qu'il en est saisissant.

À titre d'exemple, les cercles de parole libèrent une force inouïe : toutes les femmes, quelles que soient leurs origines et leur condition, passent par les mêmes questionnements. Ensemble, réunies, elles s'écoutent et s'inspirent mutuellement, ensemble, elles s'empuissancent.

Me revient en mémoire un week-end dans le massif de la Sainte-Baume, cette magnifique forêt primaire : les paroles de Sandrine, le regard de Lucie, les doutes de Charlotte, la rencontre avec Marine, nos silences et nos rires, les pleurs rendus possibles par la bienveillance tout autour, l'accueil inconditionnel, l'absence de jugement, la confiance. Voilà l'exemple même de cette sororité.

Loin de rester circonscrite à l'intime, cette mise en mouvement influe sur la sphère professionnelle et sociale, comme organiquement. Ce n'est pas un hasard si 80 % des reconversions sont vécues par les femmes.

Aux hommes maintenant de leur emboîter le pas. Le grand défi de la douceur, c'est eux. Il est primordial qu'ils se réapproprient ce territoire qui n'est en rien réservé aux femmes et aux enfants, primordial qu'ils y aient droit, l'expérimentent, le fassent rayonner.

Ils sont encore une minorité à prendre le chemin de la vulnérabilité, à oser la contacter, la dire au monde, mais certains cercles d'hommes voient le jour. Le thérapeute Jerry Hyde en anime par exemple depuis plus de vingt-cinq ans à Londres, et Ferdinand Richter[9], Mathieu Thomé ou encore Ali Lahbabi, de Kalima Humanity[10], prennent le relais en France. Pensons aussi aux cercles de pardon fondés par Olivier Clerc[11], qui permettent une expérience bouleversante de pardon vis-à-vis de soi-même ou de quelqu'un d'autre (même si ladite personne est absente ou décédée), et ainsi de vivre une grande libération.

Reste que, dès l'enfance, tenus de répondre à un impératif de virilité, les hommes « doivent performer leur genre avant d'être. On les conditionne dès le berceau [et] rien dans nos institutions ne vient défaire cette absence de douceur. Le grand interdit de la masculinité patriarcale, c'est d'observer sa

9. Auteur de *Réinventer le masculin*, Robert Laffont, 2021. Vous pouvez le retrouver sur Instagram : @ferdinandrichter.
10. Kalima Humanity (@kalima.humanity sur Instagram) propose des cercles de parole et une formation à l'animation de cercles.
11. Pour plus d'informations, vous pouvez consulter le site cerclesdepardon.fr.

vulnérabilité, de se poser, d'écouter l'autre[12] », écrit la journaliste Emma Defaud.

Dans son livre au titre volontairement provocateur, *Les Hommes hétéros le sont-ils vraiment ?*[13], Léane Alestra montre finement que les petits garçons se construisent en réponse à une triple injonction sociétale : intégrer qu'ils sont supérieurs (à commencer par la fameuse règle « le masculin l'emporte sur le féminin », rabâchée à toutes les classes d'âge), rechercher la compagnie des hommes en adoptant les codes de la virilité (les hommes entourés essentiellement d'amies sont suspectés de ne pas être de « vrais » hommes), mais, dans leur vie amoureuse, aimer les femmes – dont ils ont appris à se tenir à l'écart et qui ne sont pas tout à fait à leur niveau. Comment évoluer avec ces demandes contradictoires ? Comment écouter et accueillir ses émotions, et écouter celles de l'autre, quand on a été aussi corseté ?

« Notre culture misogyne a imposé aux hommes de ne pas être féminins, mais faire des sentiments, des émotions et des relations des territoires entièrement dévolus au féminin se révèle extrêmement dangereux », souligne Mai Hua, coréalisatrice avec Jerry Hyde du superbe *Make me a man* (« Fais de moi un homme »), consacré à un groupe de parole animé par ce dernier.

12. *Elle*, 4 janvier 2022.
13. Léane Alestra, *Les Hommes hétéros le sont-ils vraiment ?*, JC Lattès, 2023.

Leur film illustre de façon bouleversante comment, en osant se réunir pour exprimer leurs émotions, les hommes découvrent de nouvelles formes de masculinité. Tous témoignent de la difficulté à se définir et à trouver leur place, et de « la façon totalement insensée » dont on leur a demandé de grandir. Construire une identité masculine positive quand on ne dispose que de modèles toxiques, si ce n'est dysfonctionnels, est extraordinairement difficile. Reconnaître et exprimer ses émotions quand on est nourri de figures à la James Bond qui les contrôlent et les taisent l'est tout autant. Pourtant, comme l'écrit l'auteur islandais Jón Kalman Stefánsson, « nous avons tous, à un moment de notre vie, et parfois terriblement, besoin que quelqu'un nous prenne dans ses bras, besoin d'une étreinte à même de nous consoler, de libérer nos larmes ou de nous procurer un refuge quand quelque chose s'est brisé. Nous désirons qu'on nous étreigne simplement car nous sommes des hommes et que le cœur est un muscle fragile[14] ».

En cheminant ensemble, les participants filmés par Mai Hua et Jerry Hyde explorent des alternatives, choisissent d'être plus conscients de leurs comportements et réconcilient sensibilité et force. En reconnaissant qu'ils sont vulnérables, les hommes se révèlent en effet dans leur pleine *puissance*. J'utilise le mot à dessein, pour souligner la nuance entre la

14. Jón Kalman Stefánsson, *D'ailleurs, les poissons n'ont pas de pieds*, Gallimard, 2017.

« puissance », qui rayonne, et le « pouvoir », qui domine. Accueillir sa propre vulnérabilité libère la seule véritable puissance qui soit, celle du cœur. Celle qui mène au courage [15].

L'être humain, qu'il soit homme ou femme, est habité par une polarité masculine (yang) et une polarité féminine (yin). Yang, la compétence de *prendre en charge* ; yin, la compétence de *prendre soin*. Arriver à l'équilibre de ces deux polarités, faire en sorte qu'elles se nourrissent et se soutiennent est une aspiration louable et lumineuse. Le chemin est parfois long car ces deux polarités, souvent blessées, s'expriment avec excès.

Que les hommes guérissent leur masculin et leur féminin, que les femmes guérissent leur féminin et leur masculin, voilà le grand défi que nous devons accomplir ensemble. Le travail de déconstruction est immense – le mot même, « déconstruction », fait peur. Mais l'émergence d'une société de la bienveillance, de la solidarité, du soin et de la réparation est une nécessité politique.

Ce n'est plus une utopie. En témoigne le développement de la justice réparatrice ou restaurative [16], qui fait dialoguer les auteurs de crimes et leurs victimes

15. Arrêtons-nous un instant sur l'étymologie de ce mot. « Corage », en ancien français, découle du latin *cor*, le cœur.
16. Le film de Jeanne Herry, *Je verrai toujours vos visages* (2023), met superbement en scène cette justice restaurative.

ou leurs proches en présence de médiateurs. De telles dynamiques étaient à l'œuvre lors du procès des attentats du 13 novembre, en 2022. En ouvrant un large espace à la parole des victimes (six semaines d'audience), la cour a pu noter l'évolution de la plupart des accusés et notamment les paroles d'humanité qu'ils ont été amenés à prononcer. Le but ? Miser sur l'avenir, prévenir la récidive et restaurer le lien social. Transformer la société.

Nos vies à l'échelle individuelle, collective et globale dépendent de la qualité de nos relations. C'est un beau chemin que celui de la réinvention, ensemble, d'un monde exempt de rapports de force et de domination, fondé avec courage sur des relations sans violence ni discrimination envers les autres, envers soi-même ou l'environnement. Il est temps de nous retrousser les manches.

Bien évidemment, notre métamorphose collective passera par les générations à venir, et donc par les enfants. Prenons soin d'eux. Ils sont les piliers de demain. « Si l'on convainc, ce n'est qu'à coup de douceur », écrivait la femme de lettres, poétesse et parolière Anne Barratin. Je crois aussi que ce n'est qu'à coup de douceur qu'on éduque, enseigne et aide à grandir. Une douceur qui sait trouver la fermeté et montrer les limites, mais permet la parole et autorise l'erreur. En tant qu'enseignante à l'université, je suis souvent effarée par l'inhibition de nombreux étudiants, qui n'osent pas prendre la parole de crainte de donner une mauvaise réponse. Le système éducatif qu'ils ont connu leur a appris à se museler plus qu'à s'exprimer. Quel climat de négativité… Combien de brimades ont-ils dû endurer pour que la peur prenne ses aises et qu'ils préfèrent se taire dans un endroit où on les invite à prendre la parole ?

Il est temps de sortir de la culture de la punition (de la domination, de la peur, de la violence) pour choisir une culture de la relation[17], basée sur des limites enracinées dans la confiance. Sans cela, nous continuerons à perpétuer les schémas de domination dont nous avons tant de peine à nous défaire puisqu'ils sont à l'œuvre depuis la prime enfance. Lâchons la course à la concurrence et à la compétition. À la place, choisissons la bienveillance, l'empathie, l'intelligence émotionnelle. Les petits garçons ont besoin d'exemples de masculinité positive, et tous les enfants, de solidarité, d'écoute et de convivialité, dès le plus jeune âge.

Cette éthique du lien passe par la mixité sociale et l'ouverture à l'autre, à la différence. Nous devons cultiver le goût de l'altérité, du débat, l'accueil de l'autre. L'école publique, au premier chef, doit pouvoir proposer un accueil et un enseignement de qualité à tous les élèves, quels qu'ils soient, d'où qu'ils

17. Pour aller plus loin, le livre de Marion Cuerq, *Une enfance en nORd*, Marabout, 2023, est très inspirant.

viennent, et sur tout le territoire. Notre engagement doit être total – qui, sinon nous, adultes, responsables du monde de demain, peut s'élever contre l'intolérance et lutter contre la sclérose de l'entre-soi ?

D'un bout à l'autre du siècle, les poètes nous y enjoignent : si « ce qui nous connecte pèse plus lourd que ce qui nous divise[18] », cultivons nos liens, quittons ce cœur frileux, investissons le rapport à l'autre ! Car, comme l'écrit Albert Camus[19], « notre monde n'a pas besoin d'âmes tièdes. Il a besoin de cœurs brûlants qui sachent faire à la modération sa juste place ».

Le développement relationnel[20], c'est la révolution de la douceur.

18. Kae Tempest, *Connexion*, L'Olivier, 2020.
19. Albert Camus, À « Combat », cité par Jean Birnbaum, *Le Courage de la nuance*, Le Seuil, 2021.
20. Pour reprendre des termes au cœur de l'enseignement d'Arouna Lipschitz.

En pratique

Se connecter au cœur

Prenez un temps pour revenir à votre souffle (voir page 22) en portant cette fois-ci votre attention au centre de la poitrine (chakra du cœur). Fermez les yeux. Ressentez les battements de votre cœur, connectez-vous à lui, ouvrez cet espace. Inspirez lentement et profondément. Ouvrez encore plus grand.

Vous pouvez le faire quelques secondes, plusieurs fois dans la journée (au bureau, dans la queue au supermarché, dans les transports en commun…). Vous pouvez aussi suivre cette respiration plusieurs minutes d'affilée, assis en tailleur ou sur une chaise avec les pieds bien au sol. Écoutez. Simplement, écoutez et soyez attentif. Peut-être recevrez-vous un message.

Je vous propose maintenant de vous relier au cœur grâce à des postures de yoga très yin ou au chant de mantras issus du kundalini yoga.

La première posture que vous pouvez explorer pour accueillir la douceur en vous est celle de l'enfant. Asseyez-vous les fesses sur les talons, déposez votre front au sol, les bras le long du corps. Respirez longuement et profondément.

La posture de l'œuf permet également d'accueillir la douceur en soi, comme un cadeau. Allongez-vous sur le dos, ramenez vos genoux à la poitrine et entourez-les de vos bras. Fermez les yeux et respirez longuement et profondément.
Vous pouvez aussi vous asseoir en tailleur, allumer une bougie devant vous et chanter des mantras. Je vous en propose trois.

Peut-être chanter, *a fortiori* dans une langue que vous ne connaissez pas, vous paraîtra-t-il fou et bizarre, mais je vous encourage à essayer, ne serait-ce que pour l'expérience, et à ressentir ce qu'il se passe en vous.

1. Sat Narayan, dans la merveilleuse version de Simrit Kaur[21]. Ce mantra reconnecte à la paix intérieure et invite, en quelques secondes, une infinie douceur en soi. Un sourire se dessine sur vos lèvres, vos mains se joignent devant votre cœur… C'est gagné ! Voulez-vous essayer ?

En voici les paroles :

Sat Narayan
Wahe guru
Hari narayan
Sat Nam

2. Laissez-vous cueillir par le Sherab Chamma mantra. Comme l'écrit si bien Lili Barbery,

21. Album *Songs of resilience.*

> ce mantra « a la douceur d'une caresse dans les cheveux. Un baiser posé sur le front alors qu'on est déjà endormi. Une main bienveillante qui borde le lit et se lève dans la nuit lorsqu'un cauchemar perturbe le sommeil. C'est le regard tendre qui pardonne tous les faux pas, toutes les erreurs. C'est la biche qui lèche son petit pour lui apprendre à se nettoyer. C'est la compote maison donnée à la cuillère les jours de grippe. Le pansement posé délicatement sur le genou écorché[22]. »

En voici les paroles :

Om ma wa ma dé ma hi mo ha
é ma ho ma yé ru pa
yé ta du du so ha

3. Enfin, vous pouvez aussi simplement vous relier au mantra Ma (« ma » signifiant la lune, la mère). C'est une véritable médecine.

Asseyez-vous en tailleur, la main gauche sur le genou gauche, relevez le genou droit de manière à poser le coude droit dessus. Puis approchez votre main droite de votre oreille droite comme pour écouter le murmure d'un coquillage. Écoutez ce son : « ma… ».

Pour commencer, vous pouvez aussi vous installer confortablement, fermer les yeux, lancer la musique et laisser le mantra résonner en vous…

---

22. Lili Barbery-Coulon et Bastien Coulon, *L'Oracle des mantras*, Marabout, 2021. La version que je donne ici est celle de Geshe Yong Dong, disponible sur YouTube.

Vraiment, tentez l'expérience du chant, voyez ce que ces mantras vous procurent, modifient en vous.

Je vous invite à noter ici les sensations et émotions vécues, tout ce qui a pu vous traverser ou émerger pendant cette méditation chantée.

....

....

....

....

....

Avez-vous ressenti une émotion particulière ?

....

....

....

....

....

....

Comment vous sentez-vous à présent ?

....

....

....

....

....

....

....

....

....

....

(Et si rien ne s'est passé, ce n'est pas grave. Accueillez simplement ce qui est. Il n'y a rien d'autre à faire ou chercher.)

Avez-vous envie de tenter à nouveau l'expérience ? Si oui, pourquoi ne pas prévoir d'ores et déjà un rendez-vous avec vous-même dans les jours à venir ?

Ma grand-mère est une rose

Qu'aurait dit ma grand-mère de la douceur ? J'ignore si elle en aurait parlé, ou même si elle y pensait. La douceur, elle l'incarnait. Tout simplement. Je me souviens de sa façon de me réveiller le matin dans la chambre bleue, synonyme de vacances dans les Côtes *d'Amor*, sa manière de préparer des confitures de cerise juste pour moi, de râper le chocolat noir à l'économe sur mes tartines de beurre salé pour que les copeaux soient fins, fins, fins, à l'heure du goûter.

Je me souviens des paroles d'une chanson de Mickey 3D, « ma grand-mère est une rose ». C'est exactement ce qu'était la mienne. Une rose nommée Marie.

Combien de roses portent-elles son nom ? Marie Curie, Marie Accarie, Marie Blanche Paillé… Ma grand-mère savait que j'aimais les roses jaune pâle. Dès que l'une fleurissait dans son jardin, elle me l'offrait. De la même manière, elle me réservait les petits champignons de sucre qui ornaient la bûche glacée à Noël. Ou coiffait mes longs cheveux pour en faire des anglaises que je défaisais aussitôt en m'élançant vers le chemin romain. Je repense à cette promenade où, d'autorité, elle s'était positionnée du côté de la route pour me protéger au cas où une voiture roulerait trop vite : « Il vaut mieux que ce soit moi qui parte… » Tous ses gestes incarnaient la douceur. Et l'amour.

Marie. L'archétype de l'amour inconditionnel. Marie, ma grand-mère.

3

Le murmure des plantes

Ayant enfilé les habits d'Alice Roy, l'enquêtrice fétiche de mon enfance, pour m'élancer dans l'inconnu, je me rappelle les mots de ma mère : quand on s'aventure dans la forêt de Brocéliande, il faut guetter un signe pour bien s'orienter. À cet instant précis, je visualise une feuille tombant d'un arbre en tourbillonnant sur elle-même. La voici, la réponse que j'attendais ! Tournons-nous vers la nature !

Le succès du livre *La Vie secrète des arbres*, de Peter Wohlleben, nous a révélé la formidable capacité des arbres à communiquer entre eux. Les enfants eux-mêmes ont intégré cette connaissance. J'en veux pour preuve une balade récente en forêt, en compagnie de la fille d'une amie. Alors que je m'enthousiasmais devant l'abondance de chanterelles, chaque champignon qui rejoignait notre panier semblant faire apparaître un nouveau parterre, ma jeune guide a entrepris de m'instruire : les champignons que nous ramassons sont la partie émergée d'un immense réseau souterrain de mycélium qui relie les racines des végétaux. Quand un arbre tombe malade ou qu'il subit une agression, il libère certaines substances chimiques. Aussitôt, « l'Internet de la forêt » capte le message et prévient du danger les individus à proximité. D'autres, en retour, mutualisent leurs nutriments pour soutenir les plus faibles. Fascinant, non ?

La sagesse et la parole des arbres, c'est ce qu'enseigne Éléna Fernandes. Sylvothérapeute, elle transmet leur poésie et prête ces paroles au hêtre de Kervinihy, un arbre remarquable vieux de près de deux siècles, implanté dans les Côtes-d'Armor : « Entends-tu le vent qui étreint ma ramure et mes feuilles ? Perçois-tu sa douceur au-delà du mouvement qu'il crée ? Tout est douceur, ou plutôt, tout peut être empreint de douceur : le souffle du vent, des mots prononcés, le chant des oiseaux, la cadence de vos pas, la gravure de tous ces noms d'amoureux dans mon écorce. […] La douceur a besoin de s'exprimer, de s'immiscer dans chacun de vos actes. J'ai poussé dans la douceur. Je ne vais pas te raconter d'histoires, parfois cela a été difficile de braver les éléments, de rester ancré, de sortir mes nouvelles feuilles ou mes bourgeons. Toujours, je prenais le temps – en douceur – de ces poussées cycliques et naturelles, encouragé et soutenu par la terre dans laquelle j'ai planté mes racines. […] Cette douceur dont la vie me fait cadeau depuis ma germination, je tâche de la diffuser aux promeneurs et curieux qui me rendent visite. […] La douceur est mon secret de longévité, ce qui me permet de me régénérer[23]. »

Comment ne pas être touché en plein cœur par ce message si puissant ?

La douceur de la nature vibre dans la grâce de la petite mésange croisée en forêt, dans le printemps qui s'éveille, la jonquille en boutons dont la beauté

23. Éléna Fernandes, *La Parole des arbres*, Éditions Kiwi, 2022.

s'apprête à surgir, dans les bourgeons gorgés de sève sur les cerisiers, les rayons caressants du soleil.

Pour la trouver et prendre un petit *shoot* de nature, il faut parfois redoubler d'astuces et d'imagination. À l'époque où j'habitais à Nantes, j'allais souvent le midi me promener au cimetière de la Miséricorde, le Père-Lachaise local. J'étais loin d'une forêt luxuriante, mais voir et respirer les arbres, l'herbe et les fleurs suffisait à me nourrir et à me redonner l'énergie dont j'avais besoin.

Si, comme 80 % des Français, vous vivez en ville, prenez le temps de poser vos mains contre l'écorce des arbres que vous croisez en chemin. Ressentir leur énergie est un bienfait nécessaire, vital même ! Vous mettrez les doigts dans la terre lors de prochaines vacances, marcherez pieds nus dans la garrigue ou, peut-être, passerez une nuit en pleine nature… Et lorsqu'il n'y a vraiment pas d'échappatoire, la recette de l'autrice et éditrice Lola Nicolle est épatante : « Quand la tristesse fait marée haute, une chose m'apaise. Acheter des fleurs coupées ; une manie que j'ai. Je choisis de petits bouquets composés d'une seule variété. […] Et l'on peut estimer, à la quantité de fleurs dans l'appartement, l'état dans lequel je me trouve[24]. »

24. Lola Nicolle, *Après la fête*, Les Escales.

À moins que vous ne vous laissiez guider, à distance, par la Cueilleuse sauvage ?

23 avril 2020. Pour m'échapper de l'appartement où je suis confinée, je pars en déambulation virtuelle avec Marine Lafon [25]. En la découvrant sur Instagram quelques semaines plus tôt, j'ai été saisie par la grâce et l'élégance de ses photographies. Installée dans une oliveraie entre mer et montagne non loin de la frontière italienne, Marine propose des promenades en ligne à la rencontre des plantes et des fleurs sauvages. Le mail qu'elle envoie aux participants donne le ton : « Prenez de la marge, nos déambulations épousent souvent le temps long et lent du végétal. »

À peine suis-je connectée que les murs de mon appartement disparaissent pour laisser place à une nature abondante, chatoyante et colorée. Marine nous immerge dans l'environnement naturel de la rose et de la carotte sauvages, du romarin et de l'achillée millefeuille, et partage leurs propriétés. Avec elle, j'apprends à confectionner baume, eau florale, champagne de sureau, infusion… C'est magique ! Je m'enrichis d'un nouveau vocabulaire, rosacées, apiacées, lauracées, astéracées… Je me promets de m'appliquer à dessiner la rose, alliance de puissance et de vulnérabilité.

---

25. Marine Lafon partage son savoir subtil dans un livre, paru en 2022 : *Le Tarot des plantes sauvages*, Tana Éditions. Son travail est accessible sur le site lacueilleusesauvage.com.

Aux yeux de ma cueilleuse experte, l'aubépine, mieux que toute autre plante sauvage, peut nous guider vers la douceur. Vivant en lisière, elle signale le passage de la lumière à l'obscurité, comme si elle nous invitait à accueillir nos parts d'ombre, ce qu'on ne veut pas voir ou ce qui n'est pas valorisé par la société… Plante de la compassion, l'aubépine abrite de petits mammifères et des oiseaux au creux de ses épines. La notion même de concurrence lui est étrangère : elle cohabite harmonieusement avec les espèces qui poussent à ses côtés. Mieux : l'aubépine est un très bon porte-greffe, elle héberge et porte la diversité.

Intarissable et passionnée, Marine convoque aussi l'alchémille et la rose, si puissantes et délicates. Ces robustes vivaces invitent à l'ouverture du cœur tout en affirmant leur présence par leur parfum, leur vitalité ou, pour la seconde, gracieuse et sensuelle, par ses épines… « Prends garde ! Sous mon sein, la grenade », la rose pourrait-elle chanter.

Nos frères et sœurs des clairières, prairies, jardins et forêts sont une incroyable ressource, une source d'inspiration. Comme des amies, les sauvages soignent les bleus de l'âme, nous guident vers la douceur en nous. Pour recevoir leurs messages généreux, Marine suggère d'aller les trouver *in situ*, de s'en approcher physiquement et de s'asseoir en silence auprès d'elles pour se connecter à leur essence et s'ouvrir le plus possible à ce qu'elles sont. Se baigner de nature en forêt, sur un chemin de campagne ou dans un parc procure incontestablement un profond apaisement. En attendant que le confinement se relâche, je sors quelques boutons de rose séchés du placard. À défaut d'une déambulation joyeuse, je commence par l'infusion. En étant pleinement présente à sa dégustation, je recevrai peut-être le message de la fleur…

Près de trois ans plus tard, alors que j'ai enfin trouvé la maison qui symbolise mon ancrage dans mon nouvel environnement, mon changement de vie, moi qui ai quitté Paris quelques mois avant la pandémie pour me rapprocher de la mer, à côté de laquelle j'ai toujours rêvé de vivre, je m'entretiens avec Anne Uriot, créatrice de lieux alliés[26]. Pour elle, un lieu n'est pas un contenant sans âme. Nos habitats vivent à travers nous et sont source de transformation. À nous de leur redonner leur rôle premier, celui de l'accueil – l'accueil de soi et l'accueil de l'autre –, et d'en faire des espaces de contribution au monde vivant.

Toute à mon enquête et à mon projet de nouvelle fondation, j'aborde avec elle la question centrale qui me taraude. La douceur, socle de ma nouvelle vie ! Anne reconnaît, elle aussi, ne pouvoir vivre bien sans

26. Artiste et consultante, formée au Feng Shui traditionnel chinois et à la géobiologie (entre autres), Anne Uriot propose différents enseignements et accompagnements en lien avec l'énergie des lieux. Elle partage régulièrement sur Instagram, dans sa newsletter ainsi que sur son site anne-uriot.fr.

elle et s'accorder, chaque jour, une pause dans son jardin[27] pour apaiser son rythme professionnel plutôt yang, et expérimenter ainsi ce qu'elle prône : vivre au plus près de son cœur. « Avoir son nid, son port, son lieu médecine, son tiers lieu ou son lieu guérisseur est une pierre majeure de notre édifice humain toujours en quête d'équilibre », écrit-elle dans sa newsletter[28]. « Quand on est en place dans son lieu, on y trouve une source inépuisable de paix et de douceur. »

Quelques pas dans la nature, quelques fleurs glanées, et il n'y a qu'à en cueillir les bienfaits. Pour adoucir nos vies et nos interactions, le monde végétal est l'un de nos plus grands alliés. « Le cœur de l'homme, quand il se détourne de la nature, durcit », expliquait Ours Debout, le chef Sioux Oglala. C'est sans aucun doute pour cela aussi, pour retrouver lien et ouverture du cœur, que tant de gens, ces dernières années, ont quitté les grandes villes pour une maison avec jardin ou un appartement avec terrasse ou balcon arboré.

En nous tournant vers la nature, en en prenant soin, c'est de nous aujourd'hui et des générations suivantes que nous prenons soin. Il est grand temps. Nous le savons. Qu'attendons-nous ?

---

27. Pour les citadins, une marche dans un parc fonctionne tout aussi bien.
28. « Prolonger la douceur de l'été », 5 septembre 2023.

En pratique

Ne faire qu'un avec la nature

Jardiner, mettre les mains dans la terre, plaquer les paumes sur le tronc d'un arbre, cultiver l'art de la cabane ou se retirer une nuit au cœur de la forêt sont autant de manières de ne faire qu'un avec la nature et de trouver le chemin de la douceur.

Que se passe-t-il en vous quand vous faites l'expérience de la force de l'observation et de la contemplation ?

....

....

....

....

....

....

Quels sont vos endroits préférés pour cela ? Y en a-t-il un en particulier ?

....

....

....

....

....

....

....

....

....

....

....

....

....

....

À quand remonte la dernière fois où vous avez marché pieds nus dans la terre en sentant le soleil vous chauffer les joues ? Si vous n'avez jamais tenté l'expérience ou qu'elle remonte à bien loin, vous pourriez la tester prochainement.

....

....

....

....

....

....

....

....

....

....

....

....

Avez-vous déjà essayé de méditer auprès d'une plante et de recevoir son message comme le suggère Marine Lafon ? Que diriez-vous de l'expérimenter ? Quel arbre ou quelle plante visualisez-vous quand vous l'imaginez ?

....

....

....

....

....

....

....

....

....

....

4

L'art de prendre soin

Prendre soin des autres et prendre soin de soi. Prendre soin de soi *pour* prendre soin des autres. *Prendre soin*… Que recouvrent véritablement ces deux mots, qu'abritent-ils ?

Obnubilée par l'objet de mon enquête qui semble s'infiltrer partout, je profite d'un séjour dans le massif de la Sainte-Baume pour interroger mon amie Sandrine Weber, socio-esthéticienne auprès de personnes en situation de handicap, de maladie ou de précarité. La douceur, selon elle, exige une attitude d'accueil, d'ouverture, d'attention. Toujours adressée, elle ne peut exister sans l'autre et invite à un double mouvement de bienveillance, envers soi et envers autrui. Douceur du toucher, délicatesse de la caresse, qui est un soin en soi[29], puissance de l'intention qu'on y met. Douceur de la posture, de la voix que l'on module, du regard qui se pose. À défaut, les gestes deviennent utilitaires, mécaniques. Dans l'action pure, on quitte l'*être* pour l'unique *faire*, et l'échange se révèle impossible, le lien ne peut ni se créer ni être préservé. On sort du soin.

Sans douceur, pas de soin possible. Il en est même une des manifestations. Porteur d'un vrai chemin de vie ancré dans le relationnel, il signe une philosophie, une éthique que l'on pourrait nommer le *care*.

29. Comme l'explique la philosophe et psychiatre en gériatrie Véronique Lefebvre des Noëttes dans « De la douceur pour apaiser les sens », dossier paru dans *La Croix*, 23 décembre 2022.

Le *care*, autrement dit l'art de prendre soin, propose une nouvelle manière d'aborder la santé qui dépasse les questions de la guérison et du bien-être. C'est un élan, une « éthique de la sollicitude[30] » qui va bien au-delà du seul *cure*, l'action de « soigner », de traiter ou de panser. Le *care* (ou *cuidar* en espagnol, le français étant malheureusement dépourvu d'un tel mot) est une façon d'être, tournée vers l'autre.

La plupart du temps, on l'associe à l'archétype de la mère, au risque de restreindre la sphère « maternelle » aux seules femmes, alors que tant d'hommes disposent eux aussi de la qualité de prendre soin de quiconque en a besoin – pas uniquement des enfants, donc – avec générosité, empathie, bienveillance. Ainsi, quand je les observe, je pourrais dire de mes frères qu'ils sont « maternels ».

Une autre de mes interlocutrices, la médecin anesthésiste-réanimatrice Margot Smirdec[31], ajoute que cette manière d'être se *transmet* et, surtout, *s'incarne*. On ne professe pas le *care*, il ne s'enseigne pas de façon verticale, du haut d'un piédestal, mais d'égal à égal, lentement et dans la douceur. La douceur, la véritable arme du *care*, avec tout ce qu'elle englobe de

---

30. Marie Robert, podcast *Philosophy is sexy*, épisode 4, « Le *care* » ; épisode 8, « La douceur ». Ses billets quotidiens sur le compte Instagram @philosophyissexy lancent à la mer une pensée claire, ouverte et en mouvement, et suscitent des échanges nourris.
31. Désormais porte-parole de Nouvelle Donne, Margot Smirdec a écrit *Mon blanc de travail : Un cri du care*, Librinova, 2022.

confiance, de puissance, de fermeté. De conscience aussi. Et de vulnérabilité.

Margot s'explique. Désormais, après tout un cheminement d'acceptation, elle ose se dévoiler aux externes et aux internes qu'elle forme, ainsi qu'aux patients qu'elle accompagne. Bien sûr, elle crée d'abord un cadre où le patient se sent en sécurité. Mais, après avoir montré qu'elle maîtrise son savoir et dispose d'une solide expérience, elle ne s'empêche plus de partager ses questionnements, son empathie, sa sensibilité. À l'échelle de la médecine, c'est une petite révolution : même si les jeunes générations interrogent de plus en plus le sens de leur métier et leur engagement, les soignants convaincus de devoir se couper de leurs émotions pour se protéger, pour tenir le coup, pour faire face et être de bons médecins sont encore légion. Ceux qui ont été confrontés à la maladie le savent pourtant : les patients recherchent écoute et empathie. Sentir que le médecin entend et comprend nos troubles, nos doutes et nos questions nous touche et motive réellement le processus de guérison. Les chroniques du médecin et écrivain Baptiste Beaulieu[32] le montrent particulièrement. Je ne peux que vous inviter à le suivre dans les médias et sur les réseaux sociaux.

32. Vous pouvez retrouver les chroniques de Baptiste Beaulieu sur France Inter et le suivre sur Instagram sur le compte @baptistebeaulieu.

Et si, en tant que façon d'être au monde, le *care* était politique ? Il peut s'appliquer à tous les domaines de la vie, la santé, l'éducation, l'enseignement, le travail et jusque dans les rangs de l'Assemblée.

Une politique du *care* milite pour la reconnaissance d'un monde vulnérable[33]. C'est précisément ce que revendiquent les mouvements citoyens en faveur de nouvelles organisations sociales plus égalitaires et respectueuses de l'environnement et des ressources planétaires. Une société qui reconnaît sa propre vulnérabilité a le courage de regarder ses failles, ses échecs, ses imperfections. Consciente de ses déséquilibres et de ses injustices, elle se retrousse les manches et se réinvente en profondeur.

Prendre soin de tous – démunis, racisés, handicapés, femmes, réfugiés, mineurs isolés, jeunes et personnes âgées, biodiversité, etc. – n'empêche en rien d'avancer. Au contraire ! Les forces en présence interrogent plus régulièrement leur puissance. Mieux réparti, le pouvoir est rendu à chacun d'agir en toute liberté et souveraineté – quand il est souvent, dans nos sociétés patriarcales, confisqué par un petit nombre.

Je pourrais donner ici la parole à Miki Kashtan, spécialiste de la communication non violente :

33. Pour reprendre le titre de Joan C. Tronto, *Un monde vulnérable. Pour une politique du care*, La Découverte, 2009.

« Le patriarcat est né d'un trauma, un trauma qui nous force à survivre et dans lequel la domination et la soumission semblent avoir du sens. Les antidotes puissants du patriarcat sont la tendresse, la vulnérabilité et le deuil[34]. »

*

Cheminer vers sa propre puissance exige une autre révolution : prendre soin de soi, de son esprit et de son corps – notre première maison.

Avant même de penser à ce que l'on mange (que d'aucuns considèrent comme la première médecine), prendre soin de soi commence, comme nous l'avons vu, par la conscience portée à sa respiration. Sans nous en rendre compte, nous vivons bien trop souvent nos journées en apnée, les épaules remontées jusqu'aux oreilles, tant les tensions s'accumulent.

Le *care* nécessite cette attention, cette bienveillance et cette compassion vis-à-vis de nous-même. Prenons le temps d'honorer nos petites et grandes victoires, de nous dire des mots de compréhension, de nous exprimer à nous-même notre gratitude. Pour commencer, si nous nous posions, au réveil, cette simple question : qu'est-ce qui m'apporte de la douceur ? Comment m'en procurer aujourd'hui ?

34. Citée par Nathalie Achard, *in Mon privilège, ton oppression*, Marabout, 2021.

Changer de lieu de vie ou prendre soin de celui qu'on habite pour qu'il devienne un havre de paix où se retrancher, se blottir en bon adepte de l'art *hygge* ou du cocooning est un autre chemin. « On apprécie d'autant plus sa chaleur et son confort qu'on a affronté les éléments et les dangers du dehors[35] », écrit Mona Chollet avant de citer, quelques lignes plus loin, l'autrice Tove Jansson, inventrice des Moumines, ces charmantes créatures à l'allure d'hippopotames : « Les invités aimaient tant leurs longues matinées désordonnées, où on laissait venir le jour tout doucement en bavardant à propos des rêves de la nuit et en écoutant Moumine s'affairer dans la cuisine pour faire le café[36]. »

L'écohabitat, les écoquartiers, l'habitat groupé ou partagé qui met en commun certaines ressources (gros appareils électroménagers, garde d'enfants, potager, etc.) ou favorise la cohabitation entre générations et rompt ainsi la précarité des uns et la solitude des autres[37] sont autant de possibilités de distiller la douceur dans le vivre-ensemble. Une autre manière de faire exister le *care* et cette douceur qui nous soigne.

35. Mona Chollet, *Chez soi*, La Découverte, 2016.
36. Tove Jansson, *Un hiver dans la vallée de Moumine*, Nathan, 1972. Selon moi, lire les Moumines est un passage obligé quand on veut mettre de la douceur dans sa vie !
37. Un site de référence, celui de colette.club.

Car, oui, la douceur soigne. Je l'ai personnellement expérimenté. Au moment où j'ai entamé l'écriture de ce livre, j'ai traversé une grande tempête émotionnelle. Je cherchais désespérément un remède, de quoi m'apaiser et calmer les soubresauts de mon cœur blessé.

Écrire m'a permis de me reconnecter à moi-même. Pourquoi aller chercher midi à quatorze heures ? Ce dont j'avais besoin, c'était d'avancer sans trop m'en demander, en lâchant la pression, l'exigence. En un mot, j'avais besoin de douceur, et la rechercher pour écrire m'en a énormément apporté. Je me suis accordé des pauses dans la course des jours pour consacrer du temps à ce qui me réparait.

C'est également ce que je vis aujourd'hui, alors que je suis confrontée à la perte inestimable de ma mère. La fatigue émotionnelle ne me laisse d'autre choix que d'appuyer sur pause. Par la force des choses, je ralentis, et c'est en ralentissant que je retrouve peu à peu le souffle.

Voilà plus qu'un médicament, un véritable talisman : prendre des moments de *rien* nourrit et revitalise. Cela permet de se (re)connecter à soi, puis à l'autre, au monde dans son intégralité, comme si nous tissions ensemble une immense toile. Nombreuses sont les personnes interviewées pour ce livre à me l'avoir rappelé. Prendre soin est un acte politique, et prendre soin de soi est un acte citoyen à bien des égards.

Je laisserai le mot de la fin de ce chapitre au chef cuisinier Olivier Roellinger – difficile pour une Malouine de ne pas le citer : « Nous avons compris [lors du premier confinement de 2020] que préparer les repas n'était pas une tâche subalterne mais une merveilleuse manière de prendre du temps pour soi et de donner aux autres[38]. » Son univers illustre parfaitement le double mouvement du geste de la douceur : vers soi et vers l'autre. La douceur que l'on se donne et celle que l'on adresse. Un double mouvement pour exprimer le soin. Le *care* comme philosophie du lien.

38. Olivier Roellinger, *Pour une révolution délicieuse*, Pluriel, 2020.

En pratique

La liste des baumes guérisseurs

Qu'est-ce qui m'apporte de la douceur ?

....

....

....

....

De quoi ai-je besoin aujourd'hui ?

....

....

....

....

....

Comment faire en sorte de me le procurer ?

....

....

....

....

....

....

....

Comment honorer mes valeurs ?

....

....

....

....

....

....

Face à l'épreuve, quand le monde se fait trop lourd ou que je suis en proie au doute, puis-je recourir à la douceur ? Qu'est-ce qui pourrait m'en apporter ?

....

....

....

....

Laissez résonner ces questions et listez ce qui vous vient à l'esprit. Puis voyez comment répondre à vos demandes. Parfois, il s'agit de petits riens, quand d'autres fois, il s'agira tout simplement de se lâcher la grappe !

Ces questions peuvent devenir un rituel. En vous les posant chaque matin, au réveil, vous nourrirez votre source et viendrez, régulièrement, vous y abreuver. La meilleure façon de se prémunir de tout passage en force.

Un air de printemps

L'émotion dans les yeux bleus de mon frère.

Sur un cliché de la maternité envoyé par mon père, il tient sa fille à peine née dans ses bras. Il a parcouru tous les océans, mais on sent que la traversée de cette nuit est celle dont il se souviendra toute son existence. Il vient sans doute de vivre son plus grand voyage. Dans son infinie douceur, je vois toute la magie du monde, toute sa beauté. Rien que pour cet instant-là, on peut bien vivre toutes les épreuves. Celles d'avant. Celles d'après.

Son regard semble avoir changé. Comme si cette nuit d'équinoxe lui avait fait entrapercevoir un monde insoupçonné. Une immensité.

Grâce et humilité mêlées.

Primavera. L'enfant du printemps venue éclairer cette fin d'hiver. Venue laisser jaillir les temps plus doux. Venue éclairer les nuits de houle et de gros temps.

Par les nuits de quarts et de veille, mon frère aura désormais une autre boussole, son propre phare pour éclairer son chemin.

L'émotion dans les yeux de mon frère.

S'il me fallait peindre la douceur, si j'avais ce talent, je choisirais son regard à cet instant-là. Cet instant où la vie vient tout bouleverser et faire vaciller la moindre de nos certitudes. Comme si tout alors se réinventait, se réécrivait. Comme au premier matin du monde.

5

De la douceur

au

travail

S'il est un domaine de nos vies dont la douceur est *a priori* communément absente, c'est le travail. Dans les codes traditionnels, transmis par la société, l'école ou la famille, on est même à l'opposé. À combien d'entre nous a-t-on seriné qu'il faut « gagner son pain à la sueur de son front » ?

L'idée du labeur est tellement valorisée par notre culture judéo-chrétienne que gagner sa vie sans s'épuiser, en travaillant raisonnablement ou en y prenant du plaisir, passe pour suspect. Surtout si on la gagne confortablement : il faudrait presque s'excuser ! Le bon travail, juste et reconnu, doit être douloureux, fastidieux et difficile. Fluidité et légèreté ? Des notions extraterrestres pour nombre de mes contemporains.

Je m'entête pourtant et cherche le chemin. Réconcilier douceur et travail doit être possible. Ne dit-on pas que l'éducation des enfants d'aujourd'hui peut changer le monde de demain ? Par analogie, agir sur l'entreprise, notamment sur ses managers, doit pouvoir changer le travail. Lorsqu'un chef évolue, ses équipes muent à leur tour, dans la sphère professionnelle puis, éventuellement, privée. L'effet papillon, en somme.

Que serait alors un management de la douceur ? Questionner les codes, interroger le modèle, réinventer les règles. Depuis une époque récente, le travail semble avoir perdu, dans de nombreux pays, la place centrale qu'il occupait[39]. Même si certains préfèrent encore « travailler plus pour gagner plus », une large majorité des salariés affirme aspirer désormais à *travailler mieux*. Sans doute favorisé par la crise sanitaire et ses confinements, ce basculement souligne une véritable distanciation à l'égard de l'emploi et une recherche évidente d'équilibre entre vie personnelle et vie professionnelle.

L'exemple précurseur de Pedro Correa est tout à fait éclairant. Cadre supérieur dans une multinationale, il fait le choix, dès 2012, de démissionner pour se consacrer à son art, la photographie. Ce pas de côté, qu'il vit comme une nécessité quand son entourage y voit une folie, n'en conduit pas moins l'École Polytechnique de Louvain (Belgique), où il a fait ses études, à l'inviter à prononcer un discours sept ans plus tard, lors de la remise des diplômes aux ingénieurs civils. Après avoir qualifié son parcours de « pire cauchemar des parents présents dans la salle », Pedro Correa lance un puissant appel à la vie et à la liberté. Plutôt que de sérieux, de sacrifice, d'excellence et de compétitivité – autant de valeurs mises à l'honneur par les grandes écoles, dont celle où il

39. Une étude de l'Ifop (Institut français d'opinion publique) pour la Fondation Jean-Jaurès publiée en janvier 2023 a révélé que les préférences des salariés entre le temps libre et l'argent se sont strictement inversées. Alors qu'en 2008, 62 % d'entre eux adhéraient au fameux « travailler plus pour gagner plus », ils sont aujourd'hui 61 % à affirmer souhaiter bénéficier de plus de temps libre, quitte à y perdre en revenus.

intervient et dont il est diplômé –, il choisit de parler de sens, de bonheur et de joie au travail. « Le monde n'a plus besoin de battants, conclut-il, il a besoin de rêveurs, de personnes capables de reconstruire et de prendre soin. »

Du fond de l'amphi, un étudiant filme puis poste la vidéo sur YouTube. Devenue virale, elle a donné naissance à un livre[40] et inspiré des bifurcations dont le nombre ne cesse de se multiplier. Exemple marquant, celui, en 2022, de huit étudiants d'AgroParisTech : au cours de la cérémonie de remise de diplômes, ils ont publiquement refusé de servir le système établi et appelé tous ceux qui doutent à « déserter » les « jobs destructeurs » de l'écosystème comme d'eux-mêmes.

Ces mots résonnent encore en moi, tout comme ceux de la militante écologiste Camille Étienne, qui a fait elle aussi le choix de la césure après un master d'économie à Sciences Po Paris. En juillet 2020, conviée aux universités d'été du Medef, elle a invité l'assemblée à « oser changer doucement, ensemble » et suggéré de « travailler moins, avec peut-être plus de sens » dans la perspective de « réinventer » l'entreprise et de vivre mieux, de façon plus égalitaire, dans le respect des limites planétaires.

40. Pedro Correa, *Matins clairs*, L'Iconoclaste, 2020.

Cette quête de sens dans le travail creuse l'écart avec un monde périmé, inconscient des enjeux contemporains. Les difficultés de recrutement dans de nombreux métiers ou le phénomène de la grande démission aux États-Unis illustrent parfaitement ce basculement des mentalités. Pendant le ou les confinements, nous avons redécouvert le temps et compris que nous pouvions « être », pas uniquement « faire ». La question du sens a soudain surgi : sens du travail, sens de la vie.

En reprenant le chemin de l'entreprise, combien sommes-nous à avoir saisi que nous jouions un rôle épuisant et souhaité trouver une place qui, malgré les contraintes, nous permettrait d'exprimer notre potentiel ? Il faut bien sûr payer son loyer, son emprunt, se nourrir et entretenir ses enfants. Mais nous sommes nombreux à avoir changé de regard et abordé ces questions autrement, en (ré)inventant avec courage notre métier à partir de nos qualités, de nos talents ou de ce que nous faisons naturellement sans effort[41], pour nous tourner vers une profession plus proche de nos valeurs et de ce qui fait notre humanité. N'en déplaise aux esprits restés coincés dans un autre âge et qui n'ont pas pris la teneur de cette révolution en cours, créer son entreprise, inventer son métier sur mesure, bifurquer vers l'emploi dont on a toujours

41. Le fameux ikigaï japonais, qu'on peut résumer par ce qui nous pousse à nous lever le matin avec envie.

rêvé et où, surtout, on se sent une vraie légitimité est profondément émancipateur.

Nous n'avons pas besoin de travailler plus pour travailler mieux. « Chaque fois que surgit une telle injonction, écrit l'historienne Ludivine Bantigny, je pense à celles et ceux qui ont donné leur vie au travail et en sortent avec épuisement, troubles musculosquelettiques, stress, burn-out, cauchemars nés de la mise en concurrence, relents de l'évaluation, fêlures de la compétition… L'implacable "loi du marché" en bandoulière déguenillée : perdre sa vie à la gagner [42]. »

Pour travailler mieux, nous avons besoin de travailler *consciemment*. Le rapport au temps alors se modifie, le temps s'étire, se dilate, comme pour nous permettre de faire bien, intensément… et nous libérer pour autre chose que le travail : *être*, tout simplement.

À quoi bon étaler sa concentration sur huit heures en subissant des dispersions et interruptions incessantes, quand on peut accomplir la même tâche en six ou quatre heures ? C'est ce que l'on appelle le *deep work* ou travail en profondeur. Développé par le professeur américain Cal Newport [43], il repose sur une concentration profonde, garantie notamment

42. « "On peut faire mieux" : l'appel à la démocratie vraie de l'historienne Ludivine Bantigny », *Télérama*, 9 mars 2022.
43. Son livre *Deep work, Retrouver la concentration dans un monde de distractions*, Alisio, 2017, est disponible en français.

par une séparation claire entre travail et vie privée, l'établissement de priorités et d'objectifs à court, moyen et long terme, une rigoureuse planification de la journée, le refus des distractions numériques, etc.

Autre manière d'appréhender intelligemment le travail, le *slow working* répond lui aussi à un besoin profond d'amélioration de la qualité de vie au travail et de ses conditions. En priorisant les activités essentielles, on réduit sa charge mentale et on avance sans se fouetter. Le *slow working* rend à celui et à celle qui travaille une forme d'autonomie dans l'exécution de ses tâches et y fait entrer de la douceur sans perte d'efficacité.

« La douceur, c'est un investissement rentable », ajoute même l'entrepreneuse Manon Smahi Cuzin, coach, créatrice de Ambitions plurielles et autrice de *Je mérite, tu mérites, elles méritent… le guide de l'entrepreneuriat au féminin*[44]. J'écarquille les yeux. La formule a de quoi surprendre !

Respecter son propre rythme, éloigner stress, épuisement et *burn-out* est aussi révolutionnaire que joyeux, et surtout, garantit la durabilité d'une entreprise, *a fortiori* quand c'est la vôtre. Investir toutes ses forces, sa créativité et son énergie dans un projet qui risque de sombrer au bout de quelques années

44. Manon Smahi Cuzin, *Je mérite, tu mérites, elles méritent… le guide de l'entrepreneuriat au féminin*, Jouvence, 2022.

avec son fondateur ou sa fondatrice n'a pas de sens, convenons-en. Voilà en quoi la douceur est rentable !

Cela n'est pas valable que pour les solo-entrepreneurs. Peu à peu, des sociétés comptant des dizaines, voire des centaines de salariés, du secteur privé comme du public, font le choix de la semaine de quatre jours pour répondre à l'aspiration, d'autant plus affirmée depuis la crise du covid, de favoriser l'équilibre pro/perso[45]. Non seulement elles ne perdent pas d'argent, mais, aussi étonnant que cela puisse paraître, elles gagnent en productivité !

Bien sûr, cela ne correspond pas forcément à tous les corps de métier ni à toutes les personnalités. Travailler autant en quatre jours qu'en cinq, en télétravail partiel de surcroît, peut provoquer l'effet inverse et renforcer l'isolement de personnes dont la santé mentale s'en trouve fragilisée[46].

C'est là que la douceur a sa carte à jouer.

En janvier 2022, Lucie Codiasse, directrice de la communication et du développement d'Action contre la faim, glissait ces vœux pour la nouvelle année à son équipe (une centaine de personnes) :

45. « Travailler autrement pour vivre mieux », *Interception*, France Inter, émission du 20 novembre 2022.
46. À ce sujet, écoutez Audrey Richard, présidente de l'ANDRH (Association nationale des directeurs de ressources humaines), au micro de France Inter le 21 septembre 2023.

« Je nous souhaite une année pleine de force et de vulnérabilité.
FORCE, *ou plutôt la somme des forces qui caractérisent notre équipe et nos projets.*
La Force collective : *l'énorme atout [de notre équipe] !! Les ancien.nes savent [qu'elle] vient de loin. Notre responsabilité est d'en prendre soin. Nos relations se cultivent, comme un jardin !*
La Force de frappe : *des projets stimulants, innovants et impactants pour faire rayonner Action contre la faim et servir les communautés.*
La Force des rêves : *le Z Event en est un exemple. "Ils pensaient que c'était impossible, alors ils l'ont fait." Mark Twain*

VULNÉRABILITÉ *– étrange de lire ce mot dans un mail de vœux ?*
Pour moi, c'est avoir conscience que, même si nous faisons de notre mieux, nous ne maîtrisons pas tout.
Je pense bien sûr au contexte covid et à son impact sur nos activités et notre vie perso. Je pense également aux crises humanitaires et aux conditions d'intervention qui placent nos équipes et leurs communautés en vulnérabilité.
Reconnaître et accepter nos vulnérabilités, individuelles et collectives, est une grande FORCE.
Cette année encore sera faite de UP & DOWN. Et c'est OK. »

Vous avez bien lu. Une manager utilise le mot « vulnérabilité » de façon positive au sein de l'entreprise. En près de quinze ans de vie salariée, je n'ai jamais vécu cela, je ne l'aurais même pas imaginé.

Combien de personnes, par ricochets, cette impulsion a-t-elle touchées ? D'autant que Lucie Codiasse tente d'autres expériences. Chaque semaine, lors de la première réunion d'équipe, elle met en place un temps de parole où chacun est libre de s'exprimer sur son état d'esprit, sa météo intérieure, sa passion du moment, son week-end, etc. Nourris par l'expérience des cercles de parole et notamment des cercles de femmes, que la manager facilite par ailleurs, ces moments d'échange en confiance fluidifient l'ensemble des interactions de son service. Tout le monde en bénéficie.

Inviter la douceur dans le travail est donc possible et fait vaciller, tel un séisme, les codes de la masculinité toxique et du patriarcat. Pour séduire les jeunes générations, les entreprises n'ont d'ailleurs pas d'autre choix que d'inventer des formes de management doux : à défaut, les talents de demain, qui ont parfaitement compris le lien entre microcosme et macrocosme, et se soucient de leur propre écologie intérieure autant que du bien-être de la planète, se détournent d'elles.

Conscients de cette mutation, nombre de DRH mettent désormais en avant les *soft skills* ou « compétences douces » dans leurs recherches. À mesure qu'ils approchent de l'entrée dans la vie professionnelle, les étudiants sont ainsi invités à nourrir et à valoriser leur savoir-*être*, en plus de leur savoir-*faire*. Choisir la douceur, s'autoriser à être qui on est sans se suradapter en permanence, c'est fondamentalement s'autoriser à *être*, plutôt que toujours faire, faire, faire. En somme, plus on est doux ou douce avec soi-même, plus on rencontre aisément ses talents naturels et son *ikigaï*.

L'accompagnante Estelle Gnana le confirme sur Instagram[47] : « La vie professionnelle est politique. La vie entrepreneuriale est politique. [...] Nous sommes des êtres multidimensionnels et ce n'est pas parce que pendant des millénaires on l'a oublié qu'il n'est pas temps de se le rappeler. » Ce que nous vivons au travail irrigue notre existence. En bouger les lignes peut changer notre vie, qu'on ait choisi le salariat ou l'entreprenariat.

D'intuition en questionnement, de questionnement en rencontre, cette enquête en revient donc à l'idée de puissance. Si la douceur est capable d'irradier un milieu dont elle est *a priori* bien éloignée, il n'y a plus aucun doute : en elle réside une force inégalée.

---

47. Post du 27/02/2022 sur le compte Instagram @estelle_gnana.

En pratique

Un temps pour soi

Que ressentez-vous après la lecture de ce chapitre ? Que cela vous dit-il de votre propre rapport au travail ?

....

....

....

....

....

....

....

....

....

Que pourriez-vous faire pour amener la douceur dans cette sphère de votre vie ?

....

....

....

....

Voici quelques pistes que vous pourrez compléter en fonction de vous, de votre cadre de travail et de vos idées.

- Vous octroyer une pause pour revenir à votre souffle au moins deux fois par jour afin de faire baisser le stress et de vous restaurer.
- Expérimenter le *deep work.*
- En suivant l'exemple de ce que propose Lucie Codiasse, pourriez-vous mettre en place (ou le suggérer) des espaces de parole réunissant toute l'équipe ?

....

....

....

Par ailleurs, avez-vous conscience de vos compétences douces ? Soit tout ce qui a trait à votre savoir-être. Pourquoi ne pas en dresser la liste ici ?

....

....

....

....

....

....

....

....

....

6

L'invitation à ralentir

Appréhendée comme un art de vivre, une philosophie de vie, un état d'être, la douceur intime un autre rapport au temps. Elle implique un rythme plus lent, en un mot qu'on *prenne* le temps (plutôt qu'on le *trouve*), pour se mettre à l'écoute des cycles du vivant : le cycle des saisons, celui des lunes, le cycle menstruel pour les femmes, ou son propre cycle intérieur.

Exiger de soi la même énergie, le même travail et la même vie sociale au mois de novembre, lorsque toute la nature hiberne, et au mois de juin, dont le rayonnement est symbolisé par les feux de la Saint-Jean, n'est qu'une idée. De la même manière, attendre des femmes qu'elles fassent preuve d'une énergie constante quand, chaque mois, elles traversent quatre étapes bien distinctes liées à leur cycle hormonal [48] est une aberration.

Heureusement, aujourd'hui, notre époque interroge la qualité de vie – rapport au temps, au travail, à autrui. C'est particulièrement sensible chez les jeunes actifs et les étudiants : soucieux d'agir en accord avec leurs valeurs et leur écologie intérieure, leurs projets professionnels s'articulent de plus en plus à

48. Sur ce point, le site de Gaëlle Baldassari, kiffetoncycle.fr, est très éclairant, tout comme son livre *Kiffe ton cycle*. En se reconnectant à l'énergie de chacune des quatre phases du cycle (menstruelle, pré-ovulatoire, ovulatoire, prémenstruelle) et en étant à l'écoute de son corps, on vit beaucoup mieux tout au long du mois. Personnellement, si j'accepte de ralentir, voire de me mettre à l'arrêt les premiers jours de mon cycle, j'ai beaucoup plus de vitalité et d'idées pendant le reste du mois.

l'économie sociale et solidaire, qui donne du sens à leur action.

En ce qui me concerne, j'ai fait le choix, à une période où cela n'était pas si fréquent, de quitter Paris, mon emploi, mon appartement, pour m'installer à Nantes en indépendante. Puis j'ai renoncé à la ville, même à taille humaine, pour me rapprocher de la mer où, enfin, je m'entends. Je n'ai pas forcément réduit le nombre de mes heures, mais je m'accorde des pauses chaque jour pour pratiquer la méditation et le yoga, ou exprimer ma créativité. L'exemple d'une amie du Morbihan m'inspire, elle qui, parfois, s'offre une session de surf ou de longe-côte à la coupure du déjeuner, pour mieux replonger dans le travail, une fois réénergisée. Je peux aussi librement appuyer sur *off* les jours où l'endométriose m'épuise.

D'autres que moi ont emprunté et empruntent ce chemin, et, forts de leurs talents, quittent l'entreprise traditionnelle pour se lancer dans l'entrepreneuriat. Cette forme d'émancipation professionnelle n'empêche pourtant pas le *burn-out*. Comment en arrive-t-on là ?

Pour tenter de répondre à cette question, j'ai d'abord repensé à ma propre expérience. Les premiers temps, en tant qu'indépendante, je me mettais une énorme pression. Je ressentais beaucoup de culpabilité quand je ne travaillais pas au moins huit ou neuf heures par jour – le rythme auquel ma vie de salariée m'avait habituée. Cependant, j'avais choisi la voie libérale pour assouplir mes horaires et m'accorder des espaces de créativité. Et, alors que je disposais désormais de cette liberté, je me jugeais durement, me reprochant de ne pas « fournir » assez – il me suffisait pourtant de lister ce que j'avais accompli dans la journée pour me rendre compte que je n'avais pas chômé.

Dans nos vies surchargées où même nos loisirs doivent être utiles (écouter un podcast pour se cultiver, *faire* du pain, etc.) et où nos vacances ressemblent à des *to-do lists*, il est difficile de créer du vide, de libérer de la place pour du « rien ». Souvent, les enfants nous alertent, ils ont envie de rester tranquilles, dans leurs jeux, leurs livres, leur imaginaire. Écoutons-les davantage. Ces temps de « vacance » leur sont aussi importants pour grandir qu'à nous.

Changer d'habitudes demande un apprentissage, surtout quand on n'a pas eu la chance de sentir le temps se dilater ou de s'ennuyer enfant, ou qu'on s'est lancé très jeune dans la compétition des études puis d'une carrière. Moi-même, alors que j'avais engagé de profonds changements de vie, j'ai commencé par transférer dans mon quotidien les codes hérités de l'ancienne. Résultat, alors que je souhaitais alléger mon emploi du temps, j'enchaînais les périodes de charrette !

J'ai donc dû apprendre à m'accorder une vie plus douce. Et, comme pour le vélo, j'ai beaucoup chuté au début. Jusqu'à ce que je tombe bel et bien, et me fracture le coude ; j'ai alors pris acte du fait que j'étais surmenée et je me suis posé les bonnes questions.

Quel est mon rythme réel ? À quel moment de la journée ai-je le plus d'énergie ? Quand ma concentration est-elle optimale ? Quand, au contraire, ai-je envie de m'évader ? Sachant, bien sûr, que rien n'est figé… Souvent, en automne, j'ai envie de moins bouger, de rêver, d'une certaine forme de sobriété, quand, au printemps, j'ouvre grand les fenêtres et accueille de nombreux projets.

La coach Manon Smahi Cuzin, rencontrée pour ce livre, m'a transmis ce conseil, que je vous transmets à mon tour : testez de nouvelles manières de fonctionner et, à la fin de la journée, interrogez-vous sur ce changement de rythme. A-t-il nui à votre activité ? À la longue, vous vous rendrez compte que non ! Mieux vaut, par exemple, s'accorder une sieste de vingt minutes ou sortir prendre l'air pour faire le plein d'énergie que vouloir produire à tout prix et tourner en rond tout l'après-midi.

La répétition étant une clef de l'apprentissage, plus vous modulerez vos habitudes (travailler moins, vous autoriser des pauses, laisser du vide entre deux activités ou rendez-vous), plus vous travaillerez en douceur. Et je vous rassure : vous ne gagnerez pas moins !

Un emploi du temps allégé permet d'aller à l'essentiel, sans se disperser – le fameux *deep work* évoqué précédemment. Établir des priorités, se donner des objectifs précis préserve la motivation et favorise la conscience au travail. Sans compter qu'un emploi du temps minimaliste laisse la place à l'imprévu et à l'inspiration. Le vide est créateur, autant le cultiver !

Les idées nouvelles émergent en effet quand on leur en laisse le temps. Peu importe votre statut, conservez précieusement des cases vacantes dans votre planning : *la* bonne idée ou la bulle d'air qui éclairera votre journée aura l'espace pour se faufiler. Une designer textile de ma connaissance travaille deux heures par jour et gagne très bien sa vie. Peut-être gagnerait-elle plus en travaillant plus ? Peut-être. Mais, à supposer que cela lui convienne, sans doute serait-elle moins disponible pour nourrir son imaginaire, moins fertile ou moins pertinente, et son carnet de commandes s'en ressentirait-il. Une autrice avec qui j'ai collaboré travaille pour sa part quatre heures par jour ; davantage, elle est moins efficace et moins inspirée.

Bien sûr, de tels exemples ne résonnent pas avec le métier de tout le monde. Je n'aurais pas pu adopter ce rythme lorsque j'étais salariée, et certaines professions permettent encore moins que d'autres de s'octroyer de longues pauses. Mais parfois, cinq minutes suffisent. Cinq minutes à s'asseoir, les yeux fermés, à se concentrer uniquement sur son inspiration et son expiration. À créer de l'espace en soi pour mieux se retrouver. Quitte à s'enfermer dans les toilettes pour pouvoir se l'accorder.

Cela me fait penser au *ma* japonais, cet art du vide qui n'est pas le rien, mais un intervalle qui sépare des espaces et les réunit à la fois, un passage. Cet intervalle entre deux activités, deux choses, n'est en rien l'absence mais une mise en relation. Favoriser une pause pour retrouver la connexion… Un emploi du temps allégé restaure l'équilibre entre les différentes facettes de notre personnalité. Qui estime n'avoir qu'une seule qualité à offrir au monde lève la main ! Cerise sur le gâteau, ralentir permet aussi, souvent, de ressentir la satisfaction d'avoir finalement fait davantage ou mieux que ce qu'on avait initialement prévu – ou qu'on nous avait demandé.

Ralentir, se donner du temps pour en gagner, pour s'écouter et développer son potentiel, pour approfondir sa présence, élargir son expérience, affiner son jugement, vivre sa vraie vie en somme, voilà ce que promet la douceur. La douceur, rappelons-le, est intégrée à la pratique de l'anesthésiste et réanimatrice Margot Smirdec : « Donne-toi ce temps », conseille-t-elle à ses collègues en formation quand elle les sent perdus, démunis. « Donne-toi ce temps. » Car il n'y a pas que la technique en médecine, il y a aussi le rapport sensible à soi-même et au patient.

Répondre à l'appel de la fugue, alors, comme l'écrit poétiquement Alice Cheron[49], faire un pas de côté et regagner en énergie vitale, en clarté mentale. Garder les rênes de son existence bien en main.

Sans y paraître, le « *slow* » infuse déjà le quotidien. Il procure des sensations anciennes, goûtées en vacances ou chez nos grands-parents. Nos gestes simples redeviennent rituels.

Consommer de façon plus sensible, locale et raisonnée, bio quand c'est possible, cuire ses aliments à la vapeur douce (à moins de 95 °C) pour conserver vitamines et nutriments, boire un café savamment torréfié, préparé à la main à travers un filtre en papier… Recourir, pour les courtes distances, aux « mobilités douces » qui n'émettent pas ou très peu de pollution. La marche, le vélo, la trottinette, le skateboard – j'en passe, évidemment ! – sont économes, durables et efficaces, et protègent l'environnement. Et, parce qu'ils requièrent l'engagement physique, ces « modes actifs » préservent la santé. La douceur, créatrice de mouvement !

49. Alice Cheron, *L'Appel de la fugue*, Leduc, 2020. Vous pouvez la retrouver sur son site alidifirenze.fr.

Choisir le temps long est aussi une alternative au consumérisme. Privilégier le prêt plutôt que l'achat, les vêtements de seconde main, prendre soin des objets dont on dispose pour qu'ils durent, recycler ou en upcycler (faire du neuf avec du vieux), c'est non seulement bon pour les finances mais plus léger pour la planète[50]. L'art de la maintenance, de faire durer les choses, nous connecte au monde[51]. À l'heure où les ressources s'épuisent, cette pratique – invisible et peu valorisée – est en fait politique et subversive. Il s'agit de prendre soin de nos objets comme on prend soin de l'autre. Là aussi, nous retrouvons des gestes anciens : jusque dans les années soixante, on recyclait tout. Le jetable, le périssable, le non-recyclable sont des inventions récentes… complètement folles.

Quant à ma consommation d'énergie, ai-je conscience de ce que je dépense quand j'allume la bouilloire, regarde des vidéos en *streaming*, cuis un poulet au four ou lance deux machines dans la journée ?

Les tenants du *slow tech* ou des *low* technologies rivalisent d'inventivité pour diminuer notre impact écologique et nous guider vers une civilisation

---

50. Le podcast de France Inter *Le code a changé* du 5 août 2023, « Smartphones : éloge de la réparation », revient sur cette question. C'est aussi le cas de l'épisode d'Arte Radio *Vivons heureux avant la fin du monde* de juin 2023, « C'est mieux quand ça dure : prendre soin des objets ».
51. À ce sujet, je vous invite à lire l'ouvrage de Jérôme Denis et David Pontille, *Le Soin des choses*, La Découverte, 2022.

techniquement soutenable. C'est le cas d'Alizée et de Yoann, créateurs de l'atelier Chemins de Faire[52] en Ariège, qui testent et mettent au point des systèmes alternatifs, nettement moins énergivores que nos dispositifs conventionnels – blender mécanique, marmite norvégienne, *zeer pot* ou « frigo du désert » qui reproduit l'environnement d'une cave, four solaire, etc. –, et nous invitent à réduire, en conscience, notre empreinte énergétique.

La lenteur nous offre l'occasion de nous réinventer. Grâce à elle, nous recouvrons notre souffle, enfin nous pouvons respirer.

Aucune transition ne se fait en un claquement de doigts. C'est une révolution globale, lente et profonde. Elle commence par soi et passe par l'ouverture, l'écoute, l'attention et la bienveillance. Elle change résolument nos représentations.

Et si on s'y mettait dès à présent ?

52. Leur « recherche-action » est fondée sur la redécouverte et le partage de savoir-faire réplicables par tout un chacun. Plus d'info sur le site cheminsdefaire.fr et sur la vidéo Brut qui leur est consacrée (disponible sur YouTube ou sur Instagram).

En pratique

Prendre le temps

Prêtez attention à votre rythme biologique et à vos besoins. À quel moment de la journée avez-vous le plus d'énergie ? À quel autre une pause serait-elle bienvenue ?

....

....

....

....

Puis suivez le conseil de la coach Manon Smahi Cuzin : essayez un autre rythme, accordez-vous une pause, un moment sans rien, ou, si vous le pouvez, travaillez une heure en moins. Qu'est-ce que cela donne ? Qu'avez-vous vu émerger ?

....

....

....

....

....

....

De même, pourquoi ne pas tenter une déconnexion des écrans ou des réseaux sociaux ? Que diriez-vous de deux jours sans smartphone ?

Pendant vos week-ends ou vacances, accordez-vous de véritables moments sans rien. La *dolce vita*, le *far-niente*, ça fait du bien ! Si vos enfants demandent à rester jouer en pyjama plutôt que de sortir pour se rendre à telle ou telle activité, écoutez-les.

Honorez, enfin, le passage du temps, au changement de saison, par exemple, ou lorsque vous franchissez une étape importante (cela peut être en allumant une bougie en conscience, en prenant quelques instants pour méditer ou respirer, en écrivant dans un carnet consacré à ces passages, etc.). Il est précieux de prêter attention aux petites comme aux grandes étapes.

7

Entrer en résistance

***« La violence est souvent nécessaire ?
Mais il n'y a à mes yeux
de grandeur que dans la douceur.
Je n'entends par ce mot rien de fade. »***

Simone Weil, *L'Enracinement,
Prélude à une déclaration des devoirs envers l'être humain*

Quand on songe à la douceur, pour reprendre les mots de Charles Baudelaire et Clémentine Beauvais, on ressent une brise légère, la subtilité d'un jeu de lumière, la caresse d'un voile, la sécurité d'un cocon réconfortant. La douceur est délicatesse. Mais elle ne s'y réduit pas pour autant : c'est une aventurière – et aussitôt me revient en mémoire le visage de la jeune Florence Arthaud.

Dans les crises écologique, philosophique, politique et éthique que nous traversons, les experts médiatiques ont beau jeu de brosser un monde en noir et blanc et d'attiser les braises de la division. D'exacerber la violence, la peur, la sidération.

Je n'ai jamais cru au manichéisme, si ce n'est pour me délecter de récits mythologiques ; le réel est bien plus subtil, cousu de contradictions, et sa palette est infinie. Pourtant, moi aussi, souvent, je suis tentée de juger à l'emporte-pièce, de perdre patience et de réagir en hurlant, pour secouer les uns et réveiller les autres. Mais une petite voix me glisse que c'est faire fausse route. Alors, plutôt que de nourrir cet égrégore[53], j'ai choisi d'en cultiver un autre : la nuance, fondée sur une « neutralité bienveillante[54] », dénuée d'excès, de réactivité et de la tentation du jugement. Un sport pas de tout repos.

Dans les débats politiques, sur les réseaux sociaux, dans nos échanges, la nuance semble en effet avoir pris le large. Les avis sont péremptoires, tranchés. Ils laissent souvent la place à l'invective ou à une fin de non-recevoir. On les assène brutalement, sans laisser à l'autre l'espace de développer un regard différent. On souffle sur les braises pour transformer nos désaccords en clivages ou en conflits, faire de nos adversaires des ennemis[55].

Pour nous en redonner le goût et favoriser le terreau nécessaire à une discussion libre et argumentée, Jean Birnbaum évoque dans un essai[56] de grandes figures d'intellectuels qui se sont illustrées dans la défense de leurs idées en respectant l'autre, tels Albert Camus, Hannah Arendt, Germaine Tillion ou Roland Barthes. « La nuance n'est en rien une faiblesse, écrit-il, elle relève au contraire de la bravoure. »

53. Énergie vaste et commune, créée par la force du collectif et la connexion de chacun.
54. Pour reprendre les mots d'Arouna Lipschitz.
55. En écho à Patrick Viveret et Julie Chabaud, *op. cit.*
56. Jean Birnbaum, *Le Courage de la nuance*, *op. cit.*

Il en faut pour dépasser l'élan primitif, profondément ancré, qui consiste à trancher dans le vif et reproduire la violence, cette intensité qui procure à ceux qui souffrent ou ont souffert dans l'enfance la sensation d'être vivants[57]. Il faut du courage, de la force et un immense désir de liberté pour se convaincre soi-même qu'accéder à la douceur fait passer nos combats, nos engagements, dans une dimension supérieure, certes moins éclatante et fracassante, mais fondamentalement transformatrice. Plus radicale, peut-être ?

Pour lutter, tiens-toi à l'écart de cette envie de réagir qui te conduit à la violence. Prends tes distances. Éloigne-toi de la rigidité intellectuelle que l'on croise trop souvent. Ouvre-toi à l'éthique du débat et de la discussion[58]. Puise en toi la puissance, la douceur et l'humanité qui vous élèveront, toi et tes interlocuteurs, à rang égal. D'adversaires, vous deviendrez peut-être complices ou partenaires. Tout du moins, le respect s'instaurera. Ta douceur, quoi qu'il en soit, construira autrement le monde.

Pour avancer, réprime l'envie de convaincre absolument. Écoute. Débats. Ose douter. Adoucis tes échanges – avec tes proches, dans la rue, sur les

57. Je m'inspire ici librement des mots de Sophie Fontanel dans son livre essentiel, *Capitale de la douceur, op. cit.*
58. L'éthique de la discussion a été théorisée par Jürgen Habermas et Karl-Otto Appel.

réseaux sociaux, chaque fois que tu es en interaction. Choisis la nuance comme lampe[59].

Lente, mais pas molle pour autant[60], la douceur n'empêche pas la colère ni le franc positionnement. Au contraire, l'énergie yin, puissante, développe notre réceptivité et stimule notre créativité, et fait de la colère un véritable carburant.

Transformée, la colère donne naissance à l'humour, à la fiction, à la littérature, à la musique[61], à la fantaisie, à l'art sous toutes ses formes qui suscite la réflexion, l'amour, l'écoute, la bienveillance, le *care*, et nous permet de tisser des ponts avec les autres. Autant de grains capables d'enrayer les ravages d'un système déjà moribond. Transformée, la colère devient fertile. Transmutée, alchimisée, elle nous rend inventifs.

Je n'ignore pas ce que ces mots peuvent avoir de *doux rêveurs*. Je ne nie pas l'âpreté et la dureté du monde. Je vis ancrée, enracinée dans une société, un territoire, une époque. En tant que femme, je sais les inégalités, la violence, la discrimination, le poids des siècles de domination. Blanche et diplômée, consciente de mes privilèges, je sais combien nos droits sont fragiles.

59. Pour reprendre les mots de la romancière Maria Pourchet à La Grande Librairie sur France TV le 14 septembre 2023.

60. J'emprunte ces mots à l'historienne Anne Pédron, dans sa newsletter « Sérendipité ».

61. Je pense notamment à ce dont témoigne la chanteuse Clara Ysé dans sa chanson *Douce*.

Mais je sais aussi que tout est interconnecté.

Citoyenne d'une planète dont le climat change inexorablement, mise à mal par la prédation, il m'apparaît fondamental et urgent d'opposer la douceur à la haine[62] pour faire éclore un monde florissant et nourrir des échanges, une communauté humaine fondés sur autre chose que la destruction. La philosophe Arouna Lipschitz le résume en quelques mots : « Entrer dans la douceur, comme on entre en résistance. »

La Résistance, en France, suscite des images de guerre, de maquis, de bombes, de ponts qui sautent, de trains qui déraillent. Elle a pourtant été menée aussi par des héros très discrets, qui transmettaient des informations, portaient des valises, contrefaisaient des papiers, abritaient des personnes vulnérables pour les soustraire à l'oppresseur. L'histoire donne de nombreux autres exemples de résistance restée à l'écart de la violence : inspirés par Thoreau, les tenants de la désobéissance civile (Gandhi en Inde, Martin Luther King aux États-Unis, Nelson Mandela en Afrique du Sud…) ont combattu sans faire couler le sang.

62. Sur la carte 11 du tarot de Marseille, qui symbolise la force, une femme ouvre en douceur la gueule d'un lion. La douceur, oui, est capable de tout.

La douceur est l'arme des démunis. Elle permet à ceux qu'elle unit de tenir sur le long terme. Humble tel le roseau, elle ploie sans jamais céder. C'est une stratégie.

« À toute douceur, on peut opposer de la violence. Et c'est facile. Mais on peut aussi, à toute violence, opposer une douceur insistante, collective, très têtue[63] », propose Sophie Fontanel. Pour illustrer ces propos, il me faut convier l'actrice Judith Godrèche. La manière dont elle a dénoncé les abus dont elle a été victime et le déni de réalité de la « grande famille » du cinéma ainsi que de la société française dans (presque) son ensemble est remarquable. Sa force, son sourire, son calme, la façon dont elle se met au service pour une cause qui la dépasse, qui dépasse sa seule personne et sa seule histoire, forcent l'admiration[64]. On ne peut que s'incliner devant sa douceur, qui abrite tant de courage et de détermination. En soulevant un véritable raz de marée, Judith Godrèche incarne merveilleusement sa puissance et démontre qu'elle n'empêche ni l'action, ni l'énergie, ni le feu créatif. En revanche, elle nous oblige. Elle exige qu'on regarde avec clarté ses valeurs et qu'on les serve. Marc Aurèle disait la douceur invincible. Cette idée trace un chemin profond en moi.

63. Post sur Instagram le 25 octobre 2021, @sophiefontanel.
64. Parmi ses nombreuses interventions, on peut retenir le discours prononcé lors de la cérémonie des Césars du 23 février 2024.

Je le répète : la douceur n'empêche pas la colère. Elle n'empêche pas de nous mobiliser pour les causes qui nous semblent justes : pour la médecine publique et de proximité, pour les soignants et leur écoute, pour l'Éducation nationale et l'enseignement supérieur, pour un réseau de transports publics fiable au service des usagers, pour le service public dans son ensemble. Pour la protection de l'enfance, et la fin des dominations toxiques. La liste est longue.

La douceur n'empêche pas la colère, elle est un engagement.

Quand toutes les façons douces de faire (humour, tribunes, livres, tracts, manifestations, pétitions, etc.) ont été épuisées [65], la douceur nous conduit vers la désobéissance civile. Pour protéger le vivant, les ressources naturelles et le bien commun, la voie de l'action non violente s'impose, de plus en plus souvent.

L'arboriste grimpeur Thomas Brail, fondateur du GNSA (Groupe national de surveillance des arbres) et du mouvement des écureuils, qui se perche au sommet des arbres menacés d'abattage pour stopper les machines, en a livré une démonstration éclatante à partir du mois de septembre 2023 en entamant une grève de la faim avec un collectif d'autres grimpeurs

65. À ce sujet, on peut réécouter l'écrivain Alain Damasio au micro de Léa Salamé sur France Inter, le 19 juin 2023.

pour protester contre le projet d'autoroute A69 reliant Castres à Toulouse[66]. Pendant dix jours, il a occupé un platane face au ministère de la Transition écologique, à Paris, et alimenté la lutte, devenue celle de toutes celles et tous ceux dont son action physique, de terrain, non violente et ciblée a réveillé les consciences. Avec une égale bienveillance, relayé par des médias, des personnalités et des citoyens de plus en plus attentifs et nombreux dans la rue, sur les réseaux sociaux, il n'a eu de cesse d'interpeller les responsables politiques pour protéger le vivant et demander la justice sociale.

N'attendons plus de ceux qui nous dirigent qu'ils érigent un nouveau modèle de société. Au sein de nos lieux de vie, de travail, en famille, avec nos amis, dans chacun des groupes auxquels nous appartenons, dans la vie comme en ligne, créons ce monde que nous voulons voir advenir. Explorons. Expérimentons. Qu'il s'agisse de nouvelles manières de communiquer, d'apprendre, d'enseigner, de nous nourrir, de nous vêtir, d'habiter[67]. Je pense notamment à la Zone d'expérimentation sociale, terrestre et enchantée

---

66. Un projet d'un autre âge, à contresens de l'Histoire, supposant l'abattage de plus de mille arbres, régulateurs du climat et véritables réserves de biodiversité, et la bétonisation de quatre cents hectares de terres agricoles pour que sorte de terre une autoroute destinée à « désenclaver » le Tarn et à gagner douze minutes de trajet, au prix de 17 € de péage aller-retour… et de plusieurs dizaines de millions d'euros de fonds publics pour assurer les travaux.
67. Pour en savoir plus, rendez-vous sur le site ecoledesvivants.org.

(ZESTE), créée entre autres par Alain Damasio. Lieu d'habitat et d'agroécologie paysanne, mais aussi d'accueil, de partage, de transmission, c'est un endroit de brassage et de rayonnement, qui mélange des populations très variées. L'idée n'est pas d'unifier, mais de créer du « polytique » et d'inspirer. D'où le mot « enchantée ». Car pour changer de monde et de paradigme, il est nécessaire de créer d'autres désirs que ceux que l'ultracapitalisme nous propose, d'oser de nouveaux récits, de nouveaux imaginaires. L'en-vie est notre moteur. Expérimentons. Il en va de notre responsabilité.

*

Concrètement, comment agir quand on est confronté au conflit, à l'injustice, ou qu'on est témoin de violences ? Quand chaque jour déverse son lot d'inégalités, d'exactions, de guerres ? Comment trouver la voie de la douceur dans les situations de tension et se garder de la tentation, si séduisante, de réagir à chaud ? En adoptant la « position de l'observateur ».

Familière aux yogis, la position de l'observateur invite à revenir à soi un instant pour se connecter à son silence intérieur, là où on a de l'espace, où se trouve son cap profond, insensible à la pression, et à prendre de la hauteur. Cette boussole indique assurément le chemin de l'*action* plutôt que de la *réaction*. L'harmonie plutôt que la discorde.

Véritable état d'être au monde, la position de l'observateur procure une grande liberté. Elle suppose un apprentissage – qu'on y travaille donc, qu'on s'y engage.

Tout commence par la déconstruction de notions ensemencées dès l'enfance et en tout premier lieu : non, ce n'est pas toujours le plus fort qui gagne, passer en force n'est même jamais la meilleure solution. Puis : non, nous ne sommes pas séparés les uns des autres [68]. Toutes et tous nous appartenons à un grand tout que certains nomment « l'Univers ». Tous interconnectés, interdépendants, nous tissons ensemble une gigantesque toile.

Il en va, oui, de notre responsabilité. On ne peut empêcher l'autre de mordre, on ne peut assumer cette responsabilité pour lui. En revanche, on est responsable de sa propre réaction face à cette morsure. La perspective de l'avenir, des prochaines élections dans notre pays ou ailleurs, du monde que nous laisserons aux enfants, aux futures générations, nous oblige. Nous avons un rôle à jouer. Soyons-en conscients.

Nos transformations personnelles agissent par capillarité, notamment par la force de l'exemple.

---

68. Comme l'illustre cet article passionnant (*Einstein's Misquote on the Illusion of Feeling Separate from the Whole – Thy Mind, O Human*, accessible en ligne sur thymindoman.com), Einstein avait déjà montré que notre séparation les uns des autres est une illusion d'optique.

Violente, tendue, notre attitude encourage le conflit, l'incompréhension, le jugement. Douce, elle nourrit la convivialité, la bienveillance et la paix. À cultiver chacun et chacune la douceur, puissante, rayonnante, dans le jardin planétaire, nous cultivons l'intelligence et le respect partagés. Une révolution discrète. Une révolution [69].

L'anecdote suivante, rapportée par Cyril Dion [70], illustre merveilleusement cette force de transformation. Alors qu'il avait convié, pour la fondation suisse « Hommes de parole », trois cents leaders religieux à nouer le dialogue au premier congrès mondial des imams et des rabbins pour la paix, Cyril Dion découvrit un matin un rabbin américain en larmes : « Je viens de passer la nuit à discuter avec un Palestinien », lui dit ce dernier. « Nous avons essayé de nous convaincre mutuellement pendant des heures. Je n'ai jamais, de ma vie, été autant en désaccord avec quelqu'un. » Malgré une nuit entière de discussion, les deux hommes n'avaient pu trouver de terrain d'entente. Mais à 6 heures, épuisés, affalés sur leurs chaises, ils s'étaient tus pour contempler le soleil se lever. Émus, ils s'étaient regardés, pris dans les bras l'un de l'autre, et ne devaient plus se quitter

69. « C'est par inadvertance, parfois, qu'une révolution a lieu. Un effet d'une extrême douceur, à peine différent des autres moments, et c'est pourtant la vie qui soudain prend feu, s'embrase. Mais d'un feu d'une douceur inexplicable », écrit Anne Dufourmantelle dans *Puissance de la douceur, op. cit.*

70. L'Embellie, par Eva Bester, France Inter, 10 avril 2022.

du congrès ! « C'est comme si, quand on était au bout des arguments intellectuels, en voyant la beauté de ce lever de soleil, et avec la fatigue, on s'était reconnus comme deux humains, deux êtres, et c'était plus fort que tout », conclut le rabbin. À n'en pas douter, cette reconnaissance mutuelle a influencé leurs échanges, leur compréhension de l'autre, non plus en tant qu'adversaire, mais comme *alter ego*. Jusqu'à, peut-être, les encourager à élaborer des projets communs ?

Comme il y a, d'un même livre, autant de lectures que de lecteurs, il y a autant de réalités que d'êtres humains, et chacun vit dans la sienne. Cohabiter, avancer ensemble, c'est débattre sans agressivité, écouter l'autre en respectant sa différence d'être, d'action, de point de vue. Le désaccord n'interdit ni l'amour ni le vivre-ensemble, si on ouvre plus grand le cœur quand on ne comprend pas ou qu'on ne comprend plus.

Toi qui ne penses pas, qui ne votes pas, qui ne te soignes pas ni ne manges comme moi, qui ne partages pas mes croyances, ne parles pas ma langue, toi qui n'as pas ma couleur de peau, en quoi, fondamentalement, es-tu si différent de moi ?

Choisir la douceur, c'est lutter contre les oppressions. C'est œuvrer communément, ensemble, à la fin des systèmes de domination. C'est allier solidarité, justice sociale et politique de la convivialité. Plus nombreuses et nombreux nous sortirons du rapport de force, plus d'autres se transformeront avec nous. De même que le courage, la douceur possède « une force mimétique en ce sens où [elle] peut induire chacun d'entre nous à faire de même [71] ». Choisir la douceur, c'est, enfin, se réconcilier avec soi-même et accepter son caractère multiple, surprenant, en chemin, incertain et vulnérable… Cela demande beaucoup de courage (de « cœurage », dirait Arouna Lipschitz). Oui, la douceur a quelque chose du courage, l'apanage des valeurs qui nous intiment et nous honorent à la fois.

Porteuse d'espoir et de renouveau, éminemment politique et subversive, dérangeante aussi, parce qu'elle nous bouscule évidemment, la douceur nous donne les clefs du courage et de la liberté. De l'équilibre. Du mouvement. D'une résistance poétique [72].

71. Cynthia Fleury, *La Fin du courage*, Fayard, 2010.
72. En écho au spectacle, disque et livre de Cyril Dion, *Résistances poétiques*, Actes Sud, 2023, et au livre d'Aurélien Barrau, *Il faut une révolution politique, poétique et philosophique*, Zulma, 2022.

En pratique

Entrer dans la position de l'observateur

Plutôt que de réagir au quart de tour dans une situation stressante, la position de l'observateur permet de prendre de la hauteur, de la distance, et d'apporter une réponse apaisée et constructive. Elle est à cultiver à chaque instant de la journée.

Face au stress, notre cerveau reptilien réveille des réflexes d'un autre âge. Pour écarter le danger et tout risque de mort, il réagit avec force ou se fige. Voilà pourquoi je me retourne, furieuse, vers la personne qui m'a doublée dans la queue ou rumine pendant de longues minutes les mots cinglants que j'aurais dû avoir la présence d'esprit de lui balancer.

Un autre chemin est possible : respirez calmement et prenez conscience de l'émotion qui vous traverse au moment où elle s'active. En reconnaissant cette émotion, en la nommant, vous prenez le parti de ne pas vous identifier à elle. Ensuite, en respirant de façon consciente, vous devenez observateur, observatrice. Vous cessez, soudain, d'élaborer mille scénarios, vous prenez acte, tout simplement, de ce qui arrive. Et vous pouvez alors agir (au lieu de *ré-agir*).

En un instant, parce que vous avez compris ce que vous ressentez (blessure, colère, épuisement, tristesse, etc.), vous trouvez une réponse plus posée que si vous aviez réagi de façon épidermique.

Déjouer ses réactions automatiques ne rend pas insensible, loin de là. Vous pourrez éventuellement discuter – calmement ! – par la suite de ce que vous avez ressenti, mais vous vous serez épargné, ainsi qu'à votre interlocuteur, une colère d'autant moins recevable qu'elle était inutile – les réactions disproportionnées sont, le plus souvent, pilotées par d'autres choses que la situation qui les déclenche.

Prendre note de ce que l'on se dit (« Ça ne se fait pas », « C'est injuste », « Quel égoïsme ! », « J'ai encore un problème », etc.) quand on est ainsi activé peut livrer bien des clefs. Si la petite phrase que l'on rumine revient souvent, il est fort à parier que le nœud est du côté de l'histoire que l'on se raconte plutôt que de la réalité de la situation. Il peut être alors intéressant de veiller aux moments où elle surgit et d'explorer ce qui se cache derrière pour tenter d'apporter un changement de narration.

Une des phrases citées, ou une autre, revient-elle souvent dans vos pensées ou dans ce que vous confiez ? Quelle est-elle ? Quelles situations viviez-vous les dernières fois que vous l'avez utilisée ? Que vous racontez-vous alors ?

....

....

....

....

....

....

....

....

....

....

....

....

À titre personnel, j'ai pris le pli de ne jamais répondre immédiatement à un message ou un mail qui active en moi la colère ou génère du stress. Je respire, j'observe, j'essaie de distinguer ce qui me touche au-delà de la situation. Le lendemain, je suis souvent bien plus à même de formuler une réponse équilibrée.

Car rassurez-vous, même les enseignants de yoga, dont je suis, sont tentés de sortir de leurs gonds. Mon formateur nous a raconté s'être vu en train d'étriper une petite mamie qui lui avait grillé la politesse à la caisse du supermarché. Dans sa main à lui, une simple bouteille d'eau ; devant elle, un Caddie énorme. En revenant à son souffle, en son centre, il a su réprimer son élan et, en se plaçant dans la position de l'observateur, apporter une réponse adaptée à la situation.

Je vous conseille de faire le test, la prochaine fois qu'un stress s'exprimera, quel qu'il soit. Et je parie que, à force de pratique, cette capacité d'observation enrichira votre regard sur la vie.

8

N'oublie pas la douceur

et la *poésie*

« Il faut beaucoup pardonner
à cette vie incompréhensible.
Il faut tout lui pardonner
pour cette douceur inouïe
qu'elle exerce par surprise. »

Christian Bobin, *La Nuit du cœur*

Plus j'avance dans ce voyage, plus je me sens appelée, au quotidien, à me nourrir des petites choses, à ralentir et à retrouver des espaces de créativité. N'est-ce pas à cela qu'invite la poésie ? Son étymologie grecque (ποίησις = création, fabrication) est parlante. Créer, se rapprocher des éléments, s'offrir du temps, une pause, le silence, voilà la proposition.

La créativité a en effet cette magie de guérir celui ou celle qui s'y consacre puis ceux qui jouissent de ses fruits[73]. Un cercle vertueux, en somme. Me vient, en guise d'illustration, l'image d'un repas partagé : dans sa plus simple expression, il réunit la personne qui a pris soin de le préparer (on pourrait remonter jusqu'au champ) et ceux qui s'en nourrissent.

J'en discute avec l'artiste Julie Adore[74]. J'aime son univers, ses fleurs et ses petites bonnes femmes au chignon brun. Elle compte parmi les personnes

73. Pour reprendre les mots de Julia Cameron, *in Libérez votre créativité*, J'ai Lu, 2007.
74. Vous pouvez la suivre sur Instagram : @julieadore.

inspirantes qui m'ont permis de renouer avec le dessin, abandonné à l'adolescence, à une époque où j'étais persuadée de n'avoir aucun talent.

Quelques jours avant notre rencontre, Julie partage sur Instagram une citation évoquant la douceur, illustrée par une délicate couronne de feuilles et de fleurs rouge orangé. J'y vois une invitation au dialogue et sa signature. Julie s'inspire de petites choses glanées au fil des jours, fleurs, légumes biscornus, brins d'herbe, papiers découpés. Comme moi, ses *followers* soulignent la douceur qui émane de ses illustrations. D'abord surprise par ce regard porté sur son travail, elle reconnaît aujourd'hui combien cette douceur, qu'elle sème et qui lui revient toujours, entretient son souffle créatif et l'apaise.

Sa manière poétique d'être au monde invite à poser un autre regard sur les choses simples qui nous entourent. À l'heure où on ne sait plus s'arrêter, où même le temps qu'on prend pour soi doit être productif et chaque geste utile, chercher des animaux dans les nuages, découper des personnages dans un papier d'emballage, dessiner un visage sur un galet ou, comme Julie, sur un potiron est un baume régénérateur.

L'art, même « pauvre », aide à penser, à interroger, à décrypter le réel. Il n'est en rien dérisoire, secondaire, superfétatoire. Il crée des passerelles, donne et exprime du sens, contribue à nous forger notre place.

La poésie est indispensable parce qu'elle libère de l'efficacité, de l'ordre et de la rentabilité, horizon indépassable, depuis la Révolution industrielle, de nos systèmes scolaires conçus pour répondre aux besoins des employeurs[75]. Elle est libre en soi.

Quelques semaines plus tard, cette vérité refait surface, comme pour mieux s'engrammer. Depuis quelques heures, je sens la colère monter en moi. Elle a commencé petite et s'empare désormais si bien de mon être que je pourrais exploser. Devant mon désarroi, une amie me suggère de taper sur des coussins ou de casser de la vaisselle. Je sais maintenant que mes assiettes à dessert sont incassables…

Ce vendredi-là, j'ai un *artist date* : chaque semaine, je me réserve un moment pour entretenir la flamme de mon imaginaire et de ma créativité, et répondre à la curiosité enfantine logée au fond de moi. Je suis loin de réussir à dégager ce temps chaque fois, mais c'est une façon pour moi de vivre la douceur et je m'y efforce.

75. En premier lieu des usines, d'après le pédagogue anglais Sir Ken Robinson, cité par Pedro Correa, *Matins clairs*, L'Iconoclaste, 2020.

Direction le muséum d'histoire naturelle de Nantes. Dès la première salle, consacrée aux minéraux, roches et fossiles, je suis saisie. Devant la beauté des béryls, améthystes, quartz fumés et autres brazilianites, devant l'abondance et la richesse merveilleuse de la nature, mon âme s'apaise. Tout s'adoucit en moi. La colère s'éloigne, la sérénité s'installe.

La puissance de l'univers me rappelle à ma dimension de poussières d'étoiles et, rapportés à une saine humilité, mes soucis reprennent leur juste place.

*

« N'oublie pas la douceur et la poésie. » Le titre de ce chapitre, qui résonne comme un mantra, m'a été soufflé lors d'une méditation à une époque où, toute à la joie des projets multiples que m'offrait l'entrepreneuriat, je me soumettais à un rythme insoutenable. Il ne fallait pas être grand clerc pour comprendre que l'ensemble de mes activités ne pouvait *matériellement* pas entrer dans des journées de vingt-quatre heures et des semaines de sept jours. Pourtant, je m'entêtais, convaincue que les choses finiraient par s'orchestrer, dussé-je user d'un chausse-pied. Pour que j'entende enfin l'alarme, il a fallu qu'un ami souligne en plaisantant que j'assurais trois mi-temps par semaine et que je me fracture le coude gauche. Il a fallu que mon corps me parle. Puis que je choisisse – enfin – de l'écouter.

J'ai alors repris assidument le chemin de mon autel – l'endroit, chez moi, décoré de bougies, d'images et de petits objets qui me sont chers, où je m'installe pour méditer –, et distinctement, j'ai entendu cette phrase : « N'oublie pas la douceur et la poésie. » J'ai obéi.

J'ai renoué avec l'écriture et la poésie, d'abord de façon hebdomadaire, désormais quotidienne. À vous de trouver votre voie ! Le tricot, le yoga, les bains sonores, la cuisine ou la poterie… soyez créatif ! S'immerger dans la nature peut aussi être salvateur. Je l'ai expérimenté en m'offrant quelques jours dans une *tiny house* en forêt, dans le Loiret. Un rêve de Robinson suisse, un retour à l'enfance, pour moi qui aimais tant jouer à l'arbre magique. La nature m'a ressourcée, nourrie, inspirée. J'ai repensé à mon grand-père agriculteur, qui n'avait ni les moyens ni le temps de s'offrir ce genre de parenthèse. Souvent, il regardait ses vignes et murmurait : « Tu vois, il est là, mon voyage. » Il savait s'arrêter, il savait contempler, être pleinement présent à l'instant.

S'engager au quotidien sur la voie de la douceur est un véritable cadeau à se faire. Et d'une grande simplicité. Le beau se loge dans les choses minuscules : une fleur croisée sur le chemin du travail, la forme d'un nuage, les notes d'un piano échappées d'une maison… Les choses simples embellissent la vie, même quand elle est triste, même quand elle est moche, même quand elle est dure. Surtout quand elle l'est.

Pratiquer la gratitude est une clef. Pour le sourire d'une personne croisée dans la rue, le câlin d'un enfant, un bouquet sur la table, une bougie allumée. Je n'ai jamais mis autant de bougies et de fleurs dans mon appartement qu'à l'époque où j'étais malade. Elles m'ont aidée à repousser l'ombre et à élargir le champ des possibles à l'heure où il se rétrécissait. Poétiser l'ordinaire m'a soutenue.

J'ai suivi le conseil de Laurence Devillairs : « La vie, cela s'embellit. Exister ne suffit pas : il nous revient d'enrichir, de mettre de la beauté là où il n'y en a pas – ou pas toujours. On peut faire un paquet-cadeau d'un petit rien, sauver sa journée avec une chose nouvelle apprise […]. Il y a toute une palette insoupçonnée de teintes à apporter. Donner du bleu à la vie : ne pas uniquement la dérouler, mais la pigmenter[76]. »

« N'oublie pas la douceur et la poésie. » Laissez-vous guider par cette philosophie, laissez ces mots irriguer votre vie, et revenez-y lorsque leurs rives s'éloignent. Ils seront votre boussole.

76. Laurence Devillairs, *Petite philosophie de la mer*, La Martinière, 2022.

En pratique

S'émerveiller

Se tourner vers la beauté et s'émerveiller des petites choses est un excellent remède pour vous nourrir au quotidien.

Et si vous prévoyiez un *artist date* avec vous-même dans le mois à venir ? Qu'auriez-vous envie de proposer à votre artiste intérieur ?

....

....

....

....

....

Pratiquer la gratitude est également une clef inestimable pour que la joie naisse. Remerciez pour ce qui est déjà là, chaque matin, oralement. Et cela, quoi qu'il arrive, quoi qu'il se passe, même lorsque tout s'assombrit. Remerciez aussi pour tout ce qui n'est pas encore là et que vous souhaitez ardemment. Remerciez comme si votre vœu avait été exaucé. Vous verrez !

Vous pouvez aussi noter au moins trois jolies choses de la journée dans un cahier ou un carnet prévu à cet effet et que vous aurez plaisir à retrouver, le soir avant de vous coucher. Que diriez-vous de commencer au cœur de ces pages ?

....

....

....

....

....

Quelle est votre part de douceur ? Comment l'incarnez-vous ?

....

....

....

Je vous propose à présent de dresser la liste des choses, des endroits ou des personnes qui vous apportent de la douceur. Vous pourrez ensuite vous y reporter quand vous ressentirez un besoin de douceur dans votre vie.

....

....

....

....

....

....

....

....

....

....

Un jour gris

« Le remède à tout est toujours l'eau salée :
la sueur, les larmes ou la mer. »

Karen Blixen, « Le déluge de Norderney »,
in Sept contes gothiques

Une journée pour me laisser aller à la tristesse, pour l'accueillir. Une journée à écouter Barbara. Cela peut-il être aussi cela, la douceur ? M'autoriser la vulnérabilité, laisser couler mes larmes ?

Dans le petit jardin de la rue du Pont-Pinel, les mots s'échappent. Je ne me cache pas. Je ne me cache plus. C'en est fini de tout cela. De ces masques sociaux qui épuisent et sont si loin de moi. Pourquoi cette farce gigantesque ? Pourquoi l'usage de la force à chaque instant quand la douceur permet tant ?

Le vent se lève, les feuilles se froissent, un oiseau dont je ne reconnais pas le chant m'interpelle depuis le jardin d'à côté.

« Se libérer du contrôle et de la lutte », me murmure la carte tirée dans *L'Oracle des mantras* ce matin. Voilà peut-être le cadeau de Saint-Malo, de cette nouvelle maison, de ce nouveau refuge.

Je marche pieds nus dans l'herbe. Je me reconnecte à la terre. Un papillon aux ailes jaune pâle chante la métamorphose et l'alchimie. Je me laisse guider par le ciel, les oiseaux, le soleil, le bleu du ciel émaillé de petits nuages épars. Quel pourrait être leur message ?

J'accepte la tristesse, je dépose les armes, je choisis la douceur.

Ce sera mon nouveau chemin.

9

La vie, c'est pas compliqué

« Un peu de paix,
beaucoup de douceur et un peu de sagesse,
quand je sens cela en moi tout va bien. »

Etty Hillesum, *Une vie bouleversée*

La douceur sème par l'exemple, en fondant son action sur d'autres recours, plus puissants, durables et profonds que la force, le conflit ou la violence. Et je suis tout à fait convaincue que toutes et tous nous sommes des semeurs. Que chacun, chacune, peut « faire sa part », comme le colibri de la légende chère à Pierre Rabhi[77], contribuer au monde, se « mettre au service », comme le propose le yoga. Certaines graines germeront, d'autres seront écartées. D'autres encore, en dormance, feront surface un beau jour, après avoir été préservées. Certaines plantes n'ont-elles pas besoin de plusieurs années sous terre avant d'éclore ?

J'ai moi-même hérité d'une graine. Quelques mots, une toute petite phrase, qui a changé le cours de mon existence. Sans doute parce que j'y étais prête, à l'issue de plusieurs années de « combat » – contre le stress d'une vie sous pression, pour avoir un enfant, contre le cancer. Sans doute aussi parce que j'y étais préparée. Ce trésor m'a en effet été légué à l'issue d'une semaine de *teacher training* en kundalini yoga dans les montagnes du Vercors.

77. *La Légende du colibri*, par Pierre Rabhi, se trouve notamment sur Vimeo.

« La vie, c'est pas compliqué. » Je me rappelle la déflagration qu'ont provoquée ces mots, soufflés par une jeune femme aux côtés de qui j'avais respiré et pratiqué en silence. Tout à coup, c'est comme si on m'avait enlevé le filtre avec lequel j'avais vécu pendant des années et qui en substance me murmurait que la vie était un combat permanent. Elle pouvait donc être facile, fluide malgré tout ? Sans qu'il y ait de prix à payer ?

Le changement de narration, c'était ça, le secret. Tout était question de regard, de présence au monde. Je me l'étais souvent répété intérieurement. Et soudain, ces mots changeaient de sens.

Comme l'a écrit Carl Gustav Jung : « Tout ce qui ne vient pas à la conscience revient sous forme de destin. » J'ai connu cette sorte d'illumination, d'alignement, où soudain l'âme, l'esprit et le corps parlent et résonnent. Moi qui avais tant lutté, qui m'étais épuisée à élaborer des stratégies pour « surmonter l'obstacle » (dans une certaine mesure, pratiquer le yoga en était une, à l'origine), j'étais ramenée à la vie dans sa plus simple expression.

Ici et maintenant, ancrée comme mon grand-père, les deux pieds dans sa terre, je pouvais faire d'autres choix, changer de regard, m'engager autrement. Durablement. Radicalement.

Épouser un mode de vie, voilà la proposition. Abandonner toute rage, toute violence, me laver de toute amertume, vivre *en douceur*. Pas doucement ou en ajoutant des moments doux dans le chaos du jour. Non, bel et bien *en douceur*.

S'autoriser à rester fidèle à soi-même et déposer les armes, « *surrender* », comme dirait Romulo Pelliza, un de mes enseignants de yoga, n'a rien d'un *trip* bobo. Renoncer à la compétition, à la répétition si inconfortable mais si réconfortante, abandonner ses certitudes, quel courage cela demande !

Vivre *en douceur* est un véritable engagement : il faut le *décider* et sauter dans l'inconnu, fonctionner autrement. J'ai dû affronter mes peurs, assumer de vivre selon mon cœur. Je me suis délestée, allégée de certaines valeurs, de certaines croyances, j'ai déménagé, rompu avec certaines relations.

La douceur est mon guide à chaque instant, ma plus grande source d'inspiration. Ici et maintenant, à l'écoute non plus seulement de mon mental inférieur[78], mais connectée à ce qui me dépasse, est plus

78. Schématiquement, notre mental est composé de deux parties : le mental inférieur, régi par l'ego, et le mental dit « supérieur », le Soi supérieur, *higher self*. Les deux sont nécessaires, il ne s'agit pas de dévaloriser le mental dit « inférieur » qui a son rôle à jouer et, notamment, nous protège. Mais à se laisser conduire par lui, on risque de tomber dans les pièges de l'ego et de l'attachement à un moi émotionnel, à la souffrance.

grand, je fais confiance, parfois dans le noir, c'est un fait, parfois avec ma peur sous le bras, mais j'ose.

J'ose l'inconnu. Je vis l'aventure.

Je cherche le confort dans l'inconfort.

« Là où il y a de l'obscurité, il y a de l'espoir », rappelle intelligemment Claire Nouvian[79]. Cette capacité à se tourner résolument vers le soleil, la lumière, est une immense qualité de notre humanité. C'est pour moi, assurément, une façon d'être au monde. À chaque instant, je cherche la douceur et m'exerce à entrer dans la position de l'observateur – je respire, je prends le temps avant de réagir. Je ne réussis pas tout le temps, mais j'essaie, souvent. Nos émotions nous habitent, nous traversent, parfois nous dominent. Accueillons-les, mais n'oublions pas : pas plus que nos pensées, elles ne nous définissent.

Sans cesse, revenir à l'*ici et maintenant*.

Tout est question d'équilibre et commence par beaucoup de bienveillance envers soi-même. « Prendre soin de soi pour prendre soin des autres et du monde », écrit Anaïs Nin. Soigner son enfant

---

79. Claire Nouvian est la fondatrice de l'association Bloom, qui œuvre à la protection de l'environnement marin et ses habitants. Podcast *Meurice Recrute* de Guillaume Meurice, épisode « Claire Nouvian, Première ministre ».

intérieur comme le fait un parent, réconcilier en soi le masculin et le féminin, renaître grâce à la douceur en touchant du doigt sa propre puissance pour faire rayonner autour de soi la douceur qui soigne le monde.

En pratique

Devenir son propre meilleur ami

Le meilleur conseil que j'aie entendu pour prendre soin de soi dans la douceur est le suivant : « Deviens ta propre meilleure amie [80]. »

Et si vous agissiez envers vous-même de la sorte aujourd'hui ?

Installez-vous quelques instants en silence, écoutez. Quels mots résonnent en vous ? Écrivez-les.

....

....

....

....

80. Il est partagé par Christie Vanbremeersch, autrice de *Trouver son ikigaï*, First, 2018, qui l'a reçu de son père. Cette « exploratrice locale », comme elle se définit, écrit aussi une newsletter du samedi (Plenty of paper) et un blog, Ma vie sans moi, réjouissants.

Imaginez maintenant le monde plus doux dans lequel vous aimeriez vivre et, un instant, questionnez votre mode de vie. Qu'est-ce qui vous donne de l'énergie ? Qu'est-ce qui vous en prend ? Par exemple, aimez-vous vivre en ville ? Le travail qui vous occupe toute la semaine ? Avec qui avez-vous envie de partir en vacances ? Pour vous rendre la vie plus douce, de quoi rêvez-vous ?

....

....

....

....

....

....

....

....

....

10

La douceur comme guide

« Comment transcender le mal dans la douceur et non dans un nouveau mal ? Et comment faire pour que cette douceur nous importe, nous fascine autant que le côté obscur ? »

Neige Sinno, *Triste tigre*

S'accorder de la douceur, c'est écouter son cœur plutôt que son mental, s'autoriser par petites touches à se créer une vie en accord avec qui l'on est. C'est commencer la journée en allant voir la mer ou en se levant une demi-heure avant tout le monde pour profiter du silence et du calme, c'est s'offrir une sieste ou un moment de déconnexion et de restauration alors qu'on a une *to-do list* à rallonge. Pour moi, c'est arriver à la cale de Rochebonne à marée haute par grand coefficient quand Saint-Malo devient une île. Contempler l'immensité aux nuances de bleu et d'émeraude, me laisser bercer par le bruit des vagues, le sac et le ressac, la voix rauque de la mer, m'apaise profondément.

Écoutons l'appel de notre âme. Et félicitons-nous d'oser créer une vie en accord avec notre essence profonde.

La douceur, c'est prendre le temps de célébrer les petites et les grandes victoires : un déménagement, un examen, une guérison, une nouvelle aventure professionnelle, un défi personnel aussi minime soit-il. Pas dans l'exubérance et l'intensité d'une fête, mais en tête-à-tête avec soi-même, pour marquer le pas, observer le chemin parcouru et s'en réjouir. Prendre le temps de la récolte. Exprimer sa gratitude et sa reconnaissance envers la vie et envers soi-même. Comme disait ma nièce Zoé quand elle avait deux ans : « Bravo moi ! »

Exprimer sa gratitude, c'est, le soir, revenir un instant sur sa journée. Quels ont été les cadeaux, les moments doux, les surprises ? Au moment du coucher, conserver les petites lumières. Trouver les lucioles, même au cœur des périodes sombres.

S'accorder de la douceur, c'est aussi se demander, le matin, ou quand le navire tangue, ce dont on a besoin pour vivre les heures ou la journée qui viennent. Et y répondre, d'une façon ou d'une autre, pour se nourrir, entretenir ses ressources et pouvoir donner aux autres (dans le travail, en famille, aux amis, etc.).

C'est, enfin, la choyer au cœur de l'intime et de nos explorations amoureuses. Quitter une sexualité liée à la performance, sortir de la course à l'orgasme, pour évoluer vers une sexualité consciente – que certains nomment *slow sex* –, profondément connectée au cœur. S'écouter soi, écouter l'autre, privilégier l'échange et la parole, se considérer mutuellement, se lover dans le temps. Et ainsi se créer un cocon à l'abri du tourbillon du monde. On s'éloigne alors des rives du besoin et de l'instinct, pour voguer vers celles du choix et du désir.

En revoyant « notre rapport à la sexualité hors des logiques de domination[81] », nous laissons pleinement la place au consentement et à l'épanouissement. C'est là une mutation importante, dont le mouvement #Metoo est un signe évident – nous sommes loin d'en avoir saisi la profondeur des répercussions dans la sphère personnelle mais aussi, et surtout, sociale. Considérer l'autre non comme un objet de plaisir mais comme un être à respecter, à aimer, à honorer, voilà l'invitation.

« Plus nous apprenons à ralentir, plus nous pouvons nous détendre et rester vigilants au moment présent. [...] La façon conventionnelle de faire l'amour dans la vitesse limite et réduit les potentialités extraordinaires de ressentir la vie que recèle notre corps. La sexualité douce nous donne la possibilité de créer physiquement et consciemment de l'amour et du bonheur, et ainsi de nous nourrir en profondeur et de transformer notre vie[82]. »

On y revient. *Ici et maintenant.*

81. Patrick Viveret et Julie Chabaud, *op. cit.*
82. Diana Richardson, *Le Slow Sex. S'aimer en pleine conscience*, Marabout, 2019, cité par Guillaume de Brébisson *in Sexpanouir*, First, 2022.

M'apporter de la douceur, c'est marcher dans la rue quand il n'y a pas un chat dehors, sentir la brume du sable sous mes pieds, la présence des absents. Ce sont les moments d'amitié partagés, les petits et les grands.

Nous apporter de la douceur, c'est donner plus d'importance à nos amitiés, les considérer vraiment pour ce qu'elles sont et pour tout ce qu'elles nous procurent. C'est leur accorder toute la valeur qu'elles méritent sans les reléguer au second plan, derrière les relations romantiques[83]. Choisir la douceur, c'est cultiver notre conscience d'altérité et notre présence à l'autre même de loin, même par la pensée.

La douceur vient en effet déployer une philosophie du lien, une éthique de la relation. Il s'agit de tisser ensemble, les uns avec les autres, à l'échelle mondiale, puisque nous sommes tous interdépendants, embarqués ensemble sur une seule et même planète. Il est primordial de le comprendre (au sens littéral et étymologique de *prendre avec soi*), de l'intégrer.

On tire alors les conclusions qui s'imposent : élargir sa conscience d'altérité, se confier à l'autre sans fard, dans toute sa vérité, sa vulnérabilité, ses failles, oser demander de l'aide, reconnaître sa dépendance. Tendre la main et accepter celle qui nous est donnée. La garder précieusement.

83. Bell Hooks, *À propos d'amour*, Divergences, 2022.

La douceur, c'est inviter plus de fraternité, plus de sororité dans nos vies. Plus d'écoute et de bienveillance aussi, pour nous permettre de sortir de nos isolements et ainsi réchauffer la « glaciation sociale[84] » ou émotionnelle provoquée par la crise sanitaire et les confinements. Avec douceur, cultiver une écoute totale et entière, véritable. Écouter l'autre pleinement, activement, pour lui donner un espace où déposer sa parole sans revenir sans cesse à soi ou prodiguer des conseils, aussi avisés et généreux soient-ils.

S'ouvrir à l'autre engendre des rapports sociaux apaisés.

Construire une société du bien vivre ensemble malgré nos divergences ranime l'humanité en soi, développe la coopération, la symbiose et l'altruisme en incluant l'ensemble du vivant. Nos désaccords ne font pas de l'autre un ennemi, au contraire ! L'altérité est une chance, non une menace. On pourrait « imagine[r] au niveau mondial que le métier à tisser soit la Déclaration universelle des droits de l'homme et que la trame soit les liens du vivant et des vivants[85] ».

Le tragique des mutations en cours et des violences qui en découlent nous enjoint de faire preuve de sagesse et de discernement. « La seule attitude responsable

84. « Voyage dans les nouvelles solitudes », *Le 1 hebdo*, n° 483.
85. Patrick Viveret et Julie Chabaud, *op. cit.*

demande de combiner l'intelligence créatrice et la solidarité. Elle suppose d'affronter dans la lucidité et dans l'audace la nouvelle période historique dans laquelle est entrée notre famille humaine[86]. »

Un nouveau paradigme, nécessaire, est en train d'émerger, qui s'émancipe du rapport de forces. Choisir la détermination douce, voilà la mutation que nous sommes en train de vivre. Et c'est sans doute pour cela que ça frotte, que ça heurte, car l'ancien monde se débat, peu enclin à perdre ses habitudes, ses privilèges.

La douceur est une valeur ; on peut la choisir comme intention si elle n'est déjà sienne.

Je ne dis pas que c'est facile, je ne dis pas que c'est évident. La douceur n'est pas innée. Oui, la choisir et la mettre au cœur de nos vies – comme une colonne vertébrale ou une éthique personnelle, une exigence envers soi-même – demande du travail, un apprentissage, de la rigueur, du courage. Mais quelle société avons-nous envie de construire, de vivre, de léguer aux générations futures ?

La douceur est un chemin. L'arpentez-vous parfois ?

---

86. *Idem.*

En pratique

Une invitation

Et si vous choisissiez la douceur comme guide ?

Invitez-la à entrer dans votre vie. Choisissez-la comme valeur, comme une intention que vous voudriez déployer dans votre existence. C'est un apprentissage, allez-y pas à pas. Exercez-vous, observez-vous. Chutez peut-être, puis recommencez.

Qu'imaginer pour lui laisser plus de place dans votre vie ? Pour qu'elle devienne une colonne vertébrale ?

....

....

....

....

....

Que faire pour laisser plus de place à l'autre, pour développer la fraternité et la sororité ?

....

....

....

....

....

....

....

....

....

Quant à l'écoute, que diriez-vous de vous y consacrer pleinement de temps à autre ? En étant entièrement présent pour l'autre, en lui offrant un espace empathique où il pourra se déposer en toute sécurité et liberté…

Conclusion

Osons la douceur !

Alors que nous avons été rappelés, ces dernières années, à l'impermanence des choses, la douceur – celle dont on témoigne, celle que l'on reçoit, celle que l'on se donne – est une alliée précieuse pour trouver sa place dans un univers intranquille et en constante mutation.

De même que le yoga – quand on épouse vraiment sa philosophie – commence en dehors du tapis par la manière dont on vit, dont on se met au service et dont on exprime ses valeurs, la douceur demande à être distillée, infusée dans toutes les sphères de l'existence. Ce n'est pas un accessoire que l'on adopte ou que l'on feint de temps à autre, comme un fard. Non, c'est une véritable philosophie, une philosophie de la relation. La connexion à l'autre et au collectif est au cœur de sa proposition.

La douceur ne fait pas de bruit, on ne l'entend pas, on ne la voit pas. Puissance discrète, poétique et politique, elle relève de l'utopie, une utopie active, superbe et souterraine, qui travaille nos sociétés en profondeur.

La douceur nous inspire et nous intime. Elle nous enveloppe et nous autorise. Elle nous honore aussi.

Elle est une écoute bienveillante et active. Une respiration qui nous métamorphose.

Vivre en douceur est une révolution. Comme l'écrit si bien Laurence de la Baume : « Partout dans le monde, au milieu des catastrophes, des peurs, des souffrances, de ces confusions destructrices relayées par les réseaux sociaux et les médias, des voix surgissent, des actions, des rassemblements, pour dire les choses autrement. Pour les vivre autrement. Une nouvelle résistance s'organise. À l'aide de réseaux inédits axés sur l'entraide et la compassion, d'associations, de mouvements citoyens, de forces audacieuses inspirées par le *besoin d'harmonie* et portées par de nouveaux acteurs de *l'unité*, soldats de l'ombre, membres des sociétés civiles et lanceurs d'alerte, héros ordinaires, vous et moi. Cette résistance ira jusqu'au bout, sans crainte, nourrie de cette hauteur de vue générée par cette conscience plus élevée[87]. »

Clef du nouveau monde où nous esquissons nos premiers pas, la douceur est la vertu dont nous avons besoin pour traverser les crises. En vie – en pleine vie –, ensemble. Nous en avons viscéralement besoin : la douceur nous sauve et nous irrigue, comme un souffle de vie.

87. Laurence de la Baume, *La Contagion du cœur*, Massot Éditions, 2021.

Fondée sur la recherche d'équilibre et d'harmonie, que l'on pourrait appeler « neutralité bienveillante[88] », elle commence par le fait d'oser se donner d'abord à soi-même pour mieux rayonner au monde. S'y engager, c'est partir à l'aventure, prendre le risque de vivre pleinement sa vie. C'est un travail qui demande courage, patience, insistance. Mais sa puissance transformatrice promet de magnifiques métamorphoses – personnelles comme sociétales.

Ce livre est un manifeste. S'il peut toucher et inspirer ne serait-ce qu'un lecteur ou une lectrice, il aura joué son rôle.

Ayez l'audace d'emprunter la voie de la douceur ! Laissez-vous percuter par elle. N'en ayez pas peur. Osez lui faire une place de choix dans vos vies, même si cela va à l'encontre de tout ce avec quoi vous avez grandi, de tout ce que le monde autour de vous continue de porter. Ayez ce courage-là. Pour vous, pour l'ensemble de l'humanité, pour la planète et pour les générations à venir. Reconnaissez la vôtre, espiègle, joyeuse, subtile, superbe. Incarnez-la. La douceur est un choix. Un choix de rythme et de rapport au monde. Une décision. Un engagement. Envers soi, et envers le monde. C'est aussi une urgence. Alors, choisissons-la. Cultivons-la.

88. Pour reprendre les mots d'Arouna Lipschitz.

Bibliographie

Achard Nathalie, *Mon privilège, ton oppression*, Époque Épique, Marabout, 2021.

Alestra Léane, *Les Hommes hétéros le sont-ils vraiment ?*, JC Lattès, 2023.

Baldassari Gaëlle, *Kiffe ton cycle*, Larousse, 2019.

Barbery-Coulon Lili et Coulon Bastien, *L'Oracle des mantras*, Marabout, 2021.

Barrau Aurélien, *Il faut une révolution politique, poétique et philosophique*, Zulma, 2022.

Baume Laurence (de la), *La Contagion du cœur*, Massot Éditions, 2021.

Beauvais Clémentine, *Songe à la douceur*, Sarbacane, 2016.

Birnbaum Jean, *Le Courage de la nuance*, Le Seuil, 2021.

Brébisson Guillaume (de), *Sexpanouir*, First, 2022.

Cameron Julia, *Libérez votre créativité*, J'ai Lu, 2007.

Cheron Alice, *L'Appel de la fugue*, Leduc, 2020.

Chollet Mona, *Chez soi*, La Découverte/poche, 2016.

Correa Pedro, *Matins clairs*, L'Iconoclaste, 2020, Le Livre de Poche, 2022.

Denis Jérôme et Pontille David, *Le Soin des choses*, La Découverte, 2022.

Devillairs Laurence, *Petite philosophie de la mer*, La Martinière, 2022.

Dion Cyril, *Résistances poétiques*, Actes Sud, 2023.

Dufourmantelle Anne, *Puissance de la douceur*, Payot, 2013.
Ende Michael, *Momo*, Bayard jeunesse, 2009.
Fernandes Eléna, *La Parole des arbres*, Éditions Kiwi, 2022.
Fleury Cynthia, *La Fin du courage*, Fayard, 2010 ; Le Livre de Poche, 2011.
Fontanel Sophie, *Capitale de la douceur*, Seghers, 2021.
Hillesum Etty, *Une vie bouleversée*, Points, Le Seuil, 2020.
Hooks Bell, *À propos d'amour*, Divergences, 2022.
Jansson Tove, *Un hiver dans la vallée de Moumine*, Nathan, 1972.
Lipschitz Arouna, *Aimer, ça s'apprend*, Harper Collins, 2024.

Longneaux Jean-Michel et coll., *Quelle est donc la puissance de la douceur ?*, Éditions Weyrich, 2022.
Newport Cal, *Deep work : retrouver la concentration dans un monde de distractions*, Alisio, 2017.
Nicolle Lola, *Après la fête*, Les Escales, 2019 ; Pocket, 2020.
Perrin Alizée et Vandendriessche Yoann, *Objets low-tech et énergies directes*, « Résiliences », Ulmer, 2022 ; *Objets low-tech du quotidien*, « Résiliences », Ulmer, 2023.
Pierré Coline, *Éloge des fins heureuses,* Monstrograph, 2018 ; Éditions Daronnes, 2023.

Rabhi Pierre, *Vers la sobriété heureuse*, Actes Sud, 2013.
Ricard Matthieu, *Plaidoyer pour le vivant*, Bouquins, 2023.
Roellinger Olivier, *Pour une révolution délicieuse*, Pluriel, 2020.
Saint-Exupéry Antoine (de), *Le Petit Prince*, Gallimard, Folio, 1999.
Smahi Cuzin Manon, *Je mérite, tu mérites, elles méritent… le guide de l'entrepreneuriat au féminin*, Jouvence, 2022.
Smirdec Margot, *Mon blanc de travail : Un cri du care*, Librinova, 2022.
Tempest Kae, *Connexion*, L'Olivier, 2020.
Tolle Eckhart, *Mettre en pratique le pouvoir du moment présent*, J'ai Lu, 2010.
Vanel Anaïs, *Tout quitter*, Flammarion, 2019.
Vanbremeersch Christie, *Trouver son ikigaï*, First, 2018.
Viveret Patrick et Chabaud Julie, *La Traversée. Du temps des chenilles à celui des métamorphoses*, Les Liens qui Libèrent, 2023.
Wohlleben Peter, *La Vie secrète des arbres*, Les Arènes, 2017.

Film

Hua Mai et Hyde Jerry, *Make me a man*. Toutes les infos sur le site du film : makemeaman.com.

Musiques

Kruglov Daniel, *La Douceur*.
Ysé Clara, *Douce*.

Podcasts, émissions de radio et ressources en ligne

« Dire oui à la vie », *Les chemins de la philosophie*, France Culture.
« Éloge de la douceur », *Le journal des idées*, France Culture.
Grinberg Anouk, *Le grand atelier*, France Inter.
Guisset Constance, *Le goût de M*, épisode 115.
La Voie de l'amoureux, école en ligne d'Arouna Lipschitz : lavoiedelamoureux.com.
Robert Marie, *Philosophy is sexy*, épisode 4, « Le *care* » ; épisode 8, « La douceur ».

Remerciements

Merci à toutes celles qui m'ont fait l'amitié de m'accorder un entretien ou tout simplement de m'inspirer alors que j'étais en train d'enquêter et d'écrire. Julie Adore, Lucie Codiasse, Estelle Gnana, Marine Lafon, Anne Pédron, Manon Smahi Cuzin, Margot Smirdec, Anne Uriot, Sandrine Weber, merci de m'avoir nourrie par vos paroles et vos regards.

Merci également à :

Audrey Bozzetto, pour son écoute, ses coachings magiques et son amitié joyeuse ;

Juliette Malzieu pour nos rendez-vous créativité ;

mes amies pour leur présence indéfectible, la joie et la sororité ;

Anne-Sylvie pour m'avoir lue et m'avoir porté la contradiction, poussée dans mes retranchements, cela m'a incitée à affirmer encore plus mon propos ;

Alexis pour sa relecture et son regard ;

Anne-Laure de m'avoir dit un jour dans les montagnes du Vercors « la vie, c'est pas compliqué » ;

ma mère qui incarnait la douceur et qui a peut-être insufflé ce livre en moi il y a longtemps.

Merci à Lilas Seewald, mon agente, pour sa présence et son engagement. Merci d'avoir cru en ce projet, et de m'avoir aidée à le concrétiser étape après étape. Merci pour ta présence bienveillante à mes côtés.

Merci à Charlène Guinoiseau, mon éditrice, pour avoir compris ce livre et sa force. Merci à elle, à Lisa Schneider, et à toute l'équipe des Éditions Jouvence de le porter avec moi.

Merci aux représentants commerciaux et aux libraires pour leur travail de transmission et de passage.

Merci à Odile Chabrillac d'avoir été sur mon chemin quand celui-ci a pris un nouveau tournant, et de m'avoir fait l'honneur et l'amitié de cette préface.

Enfin, merci à vous, chers lecteurs et lectrices, pour votre lecture et vos chaleureux retours.

Également aux Éditions Jouvence :

J'ose être qui je suis
Mes 20 chemins de transformation
Catherine Barry

Vous vous sentez coincé dans votre vie, votre travail, vos relations ? Vous avez l'impression de passer à côté de vous-même ? Cela se manifeste peut-être par de la colère, du stress, certaines douleurs... Ces signaux, envoyés par votre corps, peuvent produire le déclic nécessaire pour entamer un processus de transformation. Ce livre vous invite à faire l'expérience de ce processus à travers les 20 pratiques qu'il propose.

192 pages • 16,95 €

Je mérite, tu mérites, elles méritent…
le guide de l'entrepreneuriat au féminin
Manon Smahi Cuzin

Je mérite de me réaliser professionnellement en tant que femme, tu mérites d'entreprendre en affirmant tes singularités, elles méritent de se mettre à leur compte sans entrer dans une case ni suivre des modes de fonctionnement trop rigides... Ce livre vous accompagnera dans la grande aventure qu'est l'entrepreneuriat au féminin, afin de façonner une activité qui vous correspond à 100 %. Des témoignages d'entrepreneures inspirantes et résilientes vous sont proposés pour vous aider à faire éclore votre projet.

272 pages • 18,90 €

Explore-toi

Pour une harmonie intérieure

Elena Brower

Elena Brower vous invite à explorer votre intériorité par le biais de l'écriture, de l'introspection et de la réflexion. *Explore-toi* est un espace sacré pour créer, trouver votre chemin, clarifier vos rêves et objectifs et suivre votre évolution. Avec plus de 150 pages de questions puissantes, d'enseignements, d'images inspirantes – et de nombreuses autres à remplir avec vos mots ou votre créativité artistique, cette aventure dans l'univers du journal intime vous ouvre les portes d'espaces accueillants pour élever votre existence.

160 pages • 18,95 €

Dépôt légal : mai 2024
Achevé d'imprimer en avril 2024
Imprimé en Serbie par Rotografika